土葬の村

最后的奈良

[日]高桥繁行 著

熊韵 译

四川人民出版社

尔文

趣物博思　科学智识

土葬の村

高橋繁行

本书封面、封底及内文中使用的
全部剪影画均由高桥繁行绘制。

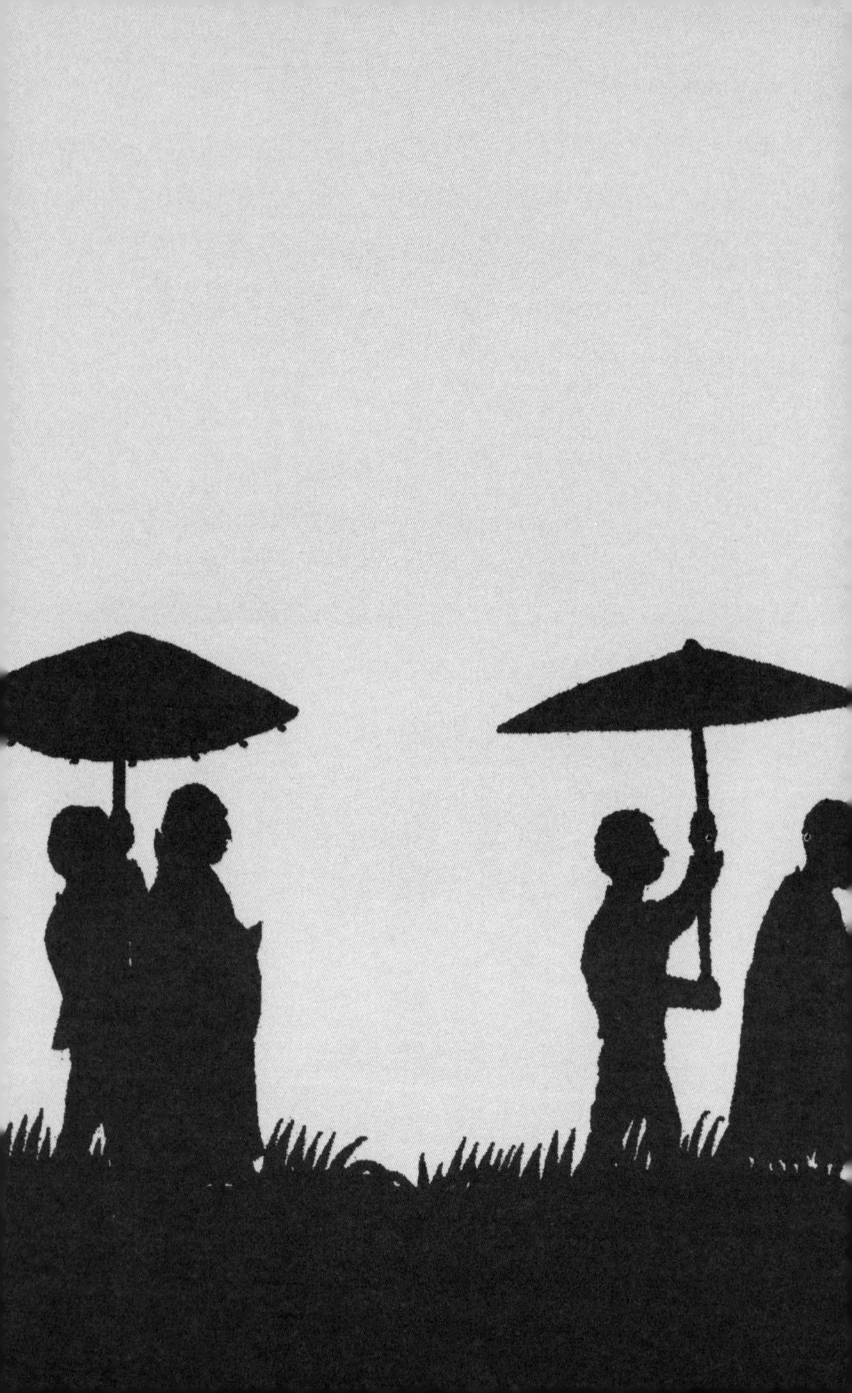

滅びゆく弔いの風習

これは恐らく、現存する

最後の土葬の村の記録である

身内の死亡直後

遺族の仕事は

死者の寝床を納戸に

移すことから始まる

講談社現代新書

目录

前言

壹 至今仍进行土葬的村落

南山城村的证言

最后的土葬主持人 003

坐棺的送葬 006

把棺材按顺时针方向转三圈 010

弯折死者的膝盖 012

净身的礼仪 015

净身与落语 017

将尸体五花大绑 018

舀水：送别死灵的哑剧 020

捂住耳朵 022

问询巫女 023

换毛 025

最后的土葬 026

柳生之乡周边村落仍在进行的土葬与送葬 —— 二八

土葬百分百得到延续 028

我的床哪儿去了 029

病危 030

送葬的红炎 031

递带 033

假门与四十九院 034

不想被烧掉 038
扯年糕 038
滚桶 039
别火屋 040
连日进行的祝祷歌 042
新盆的迎灵棚 043
土葬或家族葬 045
保留至今的传统土葬 046

电影《殡之森》的取景地村落的土葬变迁 —— 四九

地狱谷 049
手拉式灵车 053
大名笼轿型的舆车 057

善之网 058

削指甲的奇俗 061

做无用功也是一种供养 062

葬礼在寺庙或殡仪馆举行 064

神式的土葬

本居宣长的奥津城 066

由自由人神官主持的『土葬·神葬祭』 069

遮阳祠与寝棺 071

三途川船费六百六十六日元 072

神式葬礼的礼法：拍手不能发出声音 073

在场全员都要填土 074

土葬大师 076

用猎枪朝墓穴开枪 078
神式的守夜祭 079
黄昏参拜 081
五十日忌除孝 082
奥津城的撤除 083
百年间无一寺的村子 084
摘花去 087

死后四十九日挖开坟墓的村子 —— 八九
劈开棺木，发现死者的头发变长了 089
尸蜡化尸体也会出现 091
天台宗的封棺送葬仪式 093
屈指可数的土葬地区 096

在大学纷争中自杀的青年 098
父与子 100
下葬之墓 102
见证挖墓 103
回归乡土 105

市民们组织的新式土葬 一〇七

土葬会的成立 107
分割出售土葬墓地的陵园诞生 108
做完防腐处理再土葬 111
支持土葬的声音 114
想冷冻保存遗体，做成木乃伊 115
土葬与死后供养 116

神道陵园的土葬　118
埋葬石棺　120
伊斯兰教徒与土葬　121
撒钱的风俗　122

贰　露天火葬之村的证言　一二五

露天火葬的大师　一二七

头发烧起来了　127
如今仍在使用的村营火葬场　129
焚尸者　131
遗属负责火葬后的清扫　133
丧主按下点火键　134
净土真宗的送葬仪式　135

目录　007

拣喉结　137

白骨经文　138

砖房里的露天火葬　139

地区经营的锅炉式火葬场出现　141

温暖又洁净的尸骨　142

被铭刻的历代火葬负责人姓名　143

露天火葬的终结 ──────────────── 一四六

生活改善运动间接消灭了露天火葬　146

烧焦的人脑　148

恒河的露天火葬　151

亚洲的露天火葬情况　153

世界第一的火葬大国　155

战时、战后的露天火葬

行走于鸟边野的负棺女性 158

焚烧父母遗体的火葬记录 162

叁 风葬 神圣的尸体放置 一六五

风葬、土葬、火葬并存的岛屿 一六七

与论岛的风葬墓地 167

与论岛的圣地 171

洗骨 172

苏阿泰（总责任人）的职责 176

与论岛的送葬 179

坟地里的换气竹 180

肆 土葬·送葬的怪谈奇谭

土葬的烦恼 181

将洗骨后的遗骨「火葬」 182

海对岸的彼世——他界之岛的追悼奇俗 一八五

冶游神濠 188

正月祈愿 186

三十日忌的入阁 185

与论岛佛寺的作用 一九三

与论岛的佛教传播 193

神式葬？佛式葬？ 195

供养被抛弃的风葬白骨 197

奇特的丧葬礼仪 一九九

踢开死枕 201

「弔」字是搭弓的意思　204

哭丧女的一升泪　205

人形年糕　206

骨肉亲人与脂肪亲人　208

饯别之水　210

统铺　212

让尸体变软的俗谣　213

可喜可贺的木棉　215

为何葬礼只需家人在场　218

兵五郎的怪谈　220

墓字　221

叫魂　222

净身水的处理方法　225

土葬、露天火葬异闻

坐棺的尺寸：生于四二寸，死于四二尺　228

儿童墓　230

进入墓穴的女性　233

石堆葬　234

被藏匿的海难者尸体　235

竹篱葬的种类与类型　236

露天火葬场的叫骂声　239

墓地的可怕蛮俗　241

头北面西　243

划分墓地的三种方式 244
姑获鸟托婴的怪谈 245
南方熊楠的考察 247
实际发生过的剖胎事件 250

野归及后续供养 ——— 二五三

在玄关啃生米的风俗 253
延迟进门的咒术 255
驱除恶灵的野归仪式 256
捣空臼 258
水边礼仪 260
喜界岛的黄泉之国 262
祭祀单身者的祠堂奇谭 264

结束语

正月与葬礼 265

用草席围住『病人』使其成佛 268

葬礼翌日，在坟地上撒菜种 269

幽灵尤塔 271

三昧僧・七轩乞食・濑户重先生 274

前　言

这本书，或许是现存最后一本关于土葬村落的记录。

20世纪90年代初，我开始在大阪府北部的能势町进行有关土葬的采访调查。那是距今三十多年前的事了，当时，那个村子里尚有半数家庭保留着土葬的习俗。

直到进入21世纪，我才真正从事起与土葬相关的调查工作，第一步就是走访滋贺县的村落，那里还残留着不少古旧风俗。从琵琶湖以北的余吴湖畔村落，到伊吹山山脚的彦根村；从辘轳匠人①之乡蛭谷村、以"近江富

---

① 辘轳匠人：日文写作"木地师"，指用辘轳制作木碗、木盆等器物的匠人。（本书注释皆为译注）

士"闻名的三上山脚下的村子，到东近江市的蒲生村；乃至琵琶湖西岸的村落……我在这些村子里寻访老者，听到了各式各样的讲述。于是我意识到，老者们虽然还清楚记得土葬的习俗，但就在不久前，土葬已经大体消亡。根据统计数据的变化可知，近年来，土葬正在迅速消失。至 2005 年，日本的火葬比例已经高达 99.8%。

在进行土葬调查期间，我在全国各地做其他采访时，也会跟当地人打听他们是否还在实行土葬。遗憾的是，日本三大灵场之一的恐山、东北地区以"即身成佛"而广为人知的出羽三山①，都不再实行土葬。和歌山县熊野古道周边的村落，九州的灵山、福冈县的求菩提山等深山里，也不例外。

在这种趋势下，我发现奈良县还有个地区残留着土葬习俗。并且不是一两个散见的孤例，而是好几个村子仍然继续着土葬习俗，这简直是个奇迹。这片地区，就是奈良盆地东侧

---

① 出羽三山：山形县中部的月山、羽黑山、汤殿山。自日本中世以来，这三座山一直是修验道的道场。

山间一带，以及相邻的京都府南山城村。我花费数年时间，进入这些村落进行调查，结果表明，这一时期所有村子里至少有八九成的居民还继续着土葬习俗。然而到了2019年冬，我再次寻访这些土葬村落，所见情形却令人愕然。土葬数量急剧减少，有几个村子甚至已经完全看不到土葬的痕迹了。

三十年前，我刚开始调查时，就预测到土葬早晚有一天会消失，但现实发展的速度依然超乎想象。保留着土葬习俗的村落急剧减少，土葬日益衰落，成为难以挽回的习俗。照这样下去，在不远的将来，土葬或许会完全从日本消失也说不定。土葬的历史悠久，可以追溯到千年以前的中世①乃至古代②。这短短十几年间，尤其是近几年究竟发生了什么？本书最主要的目的就是探究上述问题，并为日本传统的丧葬文化留下文字记录。

本书的核心内容，是我三十年间围绕土葬村落所做的调查记录。在土葬这一风俗中，最

---

① 中世：主要指日本平安时代以后的镰仓、南北朝、室町时代。
② 古代：在日本史上，指飞鸟、奈良、平安时代。

值得一提的就是把死者送往坟地时，人们在乡间列成的长蛇状送葬队伍。遗属、亲戚、僧侣、同村人都加入其中，白幡在风中飘舞，村民们带着自制的丧葬用品，抬着死者的棺木前行。这就是所谓的送葬。在实行土葬的村落，送葬可谓祭奠死者的高潮阶段。少数土葬地区，例如奈良盆地的东侧山间地带，还完好无损地保留着这一形式。

此外，书中还提到了村民在野外亲手火化死者的村落，介绍了冲绳附近的风葬圣地——与论岛的风俗，这种风俗出现在土葬、火葬之前，可以说是日本送葬方式的原点。除了这些，书中还记录了20世纪70年代初自杀而亡的大学研究生的土葬、战争及震灾时的土葬与火葬形式、村落共同体的传统悼念形式，以及市民自发举行的"土葬会"等新型丧葬形式。

执笔过程中，我重读了过去的民俗学者的文献，例如昭和十二年（1937）柳田国男记录的葬礼事典《丧葬习俗词汇》，试图把我这三十年来的调查，与活跃在战后的民俗学者关于丧葬的论文联系起来，归纳出至今为止的土葬风俗。

近年来盛行的家族葬①推动了丧葬规模的小型化、紧凑化。加之新冠病毒感染的影响，丧葬规模正在加速缩小，有时甚至无法与死者做最后的道别。

希望本书能带动读者思考：如何面对死者才能更好地表达追思惜别之情，追悼祭奠有何意义。

---

① 家族葬：仅由近亲及亲密友人参加的葬礼。

壹 至今仍进行土葬的村落

南山城村的证言

最后的土葬主持人

京都府最南端,紧临木津川流域的山间地区,有个名为南山城村的集落。该地毗邻奈良县县城,距离南朝后醍醐天皇隐居的笠置山也很近。三年前(2017)的秋天,南山城村的高尾地区,有位九十多岁的男性去世后被土葬。

"葬礼在白天举行,第一通钲①声响起就开始。第二通钲声意味着寺院开始诵经,第三通钲声响起则开始出殡。"主持土葬的和尚、观音寺的后胜已住持(七十六岁)如是说。观音寺是真言宗的寺庙,后住持已经在南山城村主持了二十多年的土葬。

---

① 钲:一种平底圆盘状的打击乐器,以长柄小木槌击打出声。

收殓死者的棺木是坐棺。与死者仰卧在内的寝棺不同，坐棺是个直立的长方体，死者在棺木内呈双膝盘坐姿势。现如今，坐棺已经非常罕见了。但在从前，全国各地的土葬都会使用坐棺。

"哐哐哐"，第三通钲声响起。送葬队伍已经列队于坐棺前后，他们沿山路步行，来到埋葬死者的坟地。挖墓人已经提前挖好了深深的墓穴，在旁静静等候。

放在坟墓入口处，用于放置棺材的莲花台

坐棺要放置在一块名为"莲花台"的石棺台上。主持葬礼的和尚站在墓穴前，用手挥舞四根白色的纸花棒，这是在神前使用、类似币帛的道具。接着，葬礼主持人把纸花棒分别扔向墓穴的东南西北四个方位，唱诵供养死者的经文。

　　白色的纸花棒名为"四花"，也写作"死花"。是过去葬礼中常用的一种代表性丧葬道具。

> 　　四花来源于释迦牟尼的故事。据说释迦牟尼去世时，娑罗双树的花朵都悲伤至枯萎，于是，四花就成了葬礼用花。

白色的葬礼用花，四花（见照片左侧）；右边是竹制的烛台

接着是埋葬坐棺。坐棺正面贴了张纸条，上书一个"前"字。当主持葬礼的和尚以眼神示意，挖墓人就会把坐棺的正面转向西方。就这样，坐棺中的死者盘腿而坐，面朝西方极乐净土，以拜谒之姿缓缓沉入墓穴深处。

这次土葬结束之后，南山城村就再也没有土葬了。三年前的这次土葬，也是因为去世的男性留下遗言，说"死后想被土葬"，人们才努力完成了他的遗愿。通常，挖墓人由村民轮番担任，但彼时已经找不到相应人选。没办法，只好由逝者的近亲负责挖墓。由于农村人口过度稀少，找不到可以抬棺、挖墓的年轻人，土葬也越发难以持续。

后住持感慨颇深地说："因为逝者留下了遗言，遗属们才决定将他土葬，但人们已经不了解土葬的习俗了。我必须不断在旁指示，仪式才能顺利进行。想来，我该是南山城村最后一个土葬主持人了吧。"

坐棺的送葬

十年前，我初次到南山城村调查土葬。在详细询问了 N 先生后，我惊讶地发现，这个村子尚有九成人口仍保留着土葬的习俗。2020 年 3 月，N 先生以九十岁高龄去世。他就是一本关于南山城村土葬习俗的"活字典"。

另外，观音寺的后住持不仅熟悉南山城村，同时兼任附近某个土葬村落的寺庙住持，对土葬的事宜十分了解。通过后住持、N先生的证言，我们可以试着重现不久前，在南山城村盛行的土葬仪式中送葬的场景。

仪式当天，三四个轮值的村民担任挖墓人，一大早就出发到坟地挖墓。许多村民聚集在逝者家中，专心制作送葬要用的道具。上午十点，主持葬礼的和尚到来，在墓标等标识物上写下文字。中午，挖墓人归来，遗属们在家准备好追悼逝者的膳食，招待住持与帮忙布置葬礼的村民，这顿饭叫"斋饭"。之后，大家会喝点"驱寒酒"。这酒名字虽俗，却能奇妙地缓和人们高昂的情绪。

午后两点，逝者家里开始进行一系列的丧葬仪式，待第三通钲声敲响，就该出殡了。

据"活字典"N先生说，"出殡前，家属们会喝冷酒与逝者道别"。出殡时，要在家门口砸烂逝者生前使用的饭碗，烧一把稻草。烧稻草是一种出殡礼节，在柳田国男编撰的昭和初期丧葬事典《丧葬习俗词汇》中，有如下记录：

在播磨地区，出殡时必须烧一把稻草，否

则死者离开后还会回来。

手持铜钲的村中长老，走在送葬队伍的最前面。一面走，一面不断敲击铜钲。钲声音色悲凉，音调高亢，据说也有击退恶灵的作用。

走在长老身后的，是搬运"四块年糕"的人。一个孩子肩挑木棒，木棒前后各吊一个木箱，每个木箱里都装了两块直径30厘米左右的大年糕，据说这是逝者在黄泉路上的干粮。后住持说："这四块年糕，有两块给挖墓人烤着吃，剩下两块是给挑担小孩的跑腿费，可以让孩子拿回家。"

再往后就是手持牌位的遗属，接下来是手捧食案的人，食案上是之前供奉在逝者枕边的枕饭①。如果说四块年糕是逝者在漫漫黄泉路上的干粮，那食案上就是逝者此刻的午饭。纵使斯人已逝，也要为他们准备细致的餐食。

再往后是主持葬礼的和尚，他身后即是逝者的坐棺。据N先生说，坐棺是个近似正方体的长形棺木。用两根木棒穿过坐棺，前后各有一人抬棺。此时，坐棺的朝向也有特定的讲究，即与抬棺者的前进方向相反。

---

① 枕饭：供奉在死者枕边，盛得冒尖儿的米饭。

这样一来，坐棺中的死者才能在前往墓地的途中，回望自己生活过的家乡。

坐棺上方要以"天盖"遮挡。天盖原本是吊在寺院正殿天花板上的装饰，能让正殿显得更加庄严肃穆。送葬仪式里使用的天盖，则是其缩小版。

手持天盖的角色十分重要，在南山城村，一般是由家族继承人，即丧主负责。丧主不穿黑色丧服，而是穿雪白的外褂与裙裤。丧主一身雪白的装束与逝者的丧服相同，换句话说，丧主化身为死者，承接了死亡的不洁。在过去的土葬、送葬习俗中，雪白装束是理所当然的丧葬服装。直到不久前，南山城村还有这种习俗。

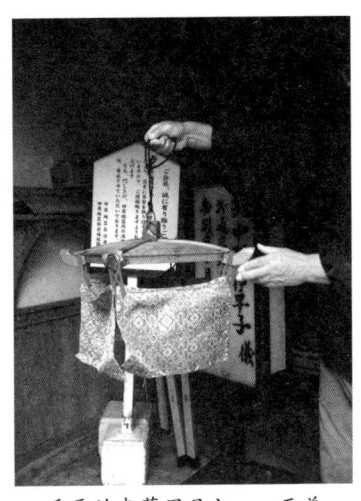

重要的丧葬用具之一：天盖

走在送葬队伍末尾的，是手持白幡的人。风筝模样的四面白幡上分别写着"诸行无常""是生灭法""生灭灭已""寂灭为乐"等文字，皆出自释迦牟尼的《涅槃经》。除了净土真宗的葬礼，在全国各地的土葬习俗中，四条白幡都是重要的丧葬用具。

把棺材按顺时针方向转三圈

送葬队伍穿过山谷，到达墓地。十年前，我在N先生的带领下探访了那片埋葬死者的坟地。坟地入口处林立着各家参拜用的石碑。日本有许多地方的坟墓都把参拜用的石碑与下葬的坟地分开，这叫"两墓制"。穿过各代先祖的墓碑，爬上一道坡，里面有许多杂草丛生的坟墓。据N先生说，主持葬礼的和尚会在这里念诵"临兵斗者接阵列在前"的九字真言。

坟墓入口有座莲花形状的石棺台。把坐棺放上棺台之前，送葬队伍还要完成一项奇特的仪式：按顺时针方向绕莲花台转三圈。这种独特的仪式名为"三匝"，又叫"四门行道"。"四门行道，就是要穿越四扇门，亦即东之发心门、南之修行门、西之菩提门、北之涅槃门。按顺序绕三圈，便能至涅槃之境，往生极乐。"后住持解释道。

说起来，今人已经没有四门的概念了，类似的追悼意味也日益淡薄，村民们表示："转来转去，眼睛都转

南山城村的坟地（上）与紧挨着的参拜用石碑（下）

南山城村的证言

花了，逝者还能被带往极乐世界吗？"转完圈之后，就是开头介绍的土葬仪式，为死者下葬。坟包上要立一块墓碑，正面写俗名，背面写戒名。

选择坟地也有一定的讲究。据 N 先生说，"越是年长的亡者，埋葬的位置越靠内"。越往里走，墓地的环境也越安静。这么看来，坟地也存在按年龄排序的等级制度啊。除了墓碑，坟地里还要立七根木板做的塔婆①，意为每七天为死者祈祷一次冥福。遗属每隔七天的早上去扫墓时，都要弄倒一根塔婆。

在实行土葬的村落，由村民轮番担任的挖墓人是个极为重要的角色。据 N 先生说："挖完墓回到丧主家中，遗属们会郑重地献上美酒，还会招待挖墓人泡澡。"

弯折死者的膝盖

在实行土葬的南山城村，某人死后，应由邻组的组长负责通知乡邻。住处相邻的七户人家构成一组，称为"邻组"。从前，邻组是村落里单位最小的共同体组织，土葬、送葬相关的事宜也主要由邻组负责。组长最先通

---

① 塔婆：又叫卒塔婆，供养死者为其祈祷冥福而立在坟墓等地的塔形细长木牌。

知的是寺庙和木匠，之所以通知木匠，是因为他们要为死者打造坐棺。

不同村子对坐棺的尺寸有不同的细节要求。我采访过的滋贺县长浜市某村，要求棺木长宽为一尺八寸（约为54厘米），高为二尺三寸（约为70厘米）[1]，因为当地为观音菩萨斋戒的日子是十八日，为地藏菩萨斋戒的日子是二十三日。据说用了这种尺寸的棺木，死者必定能往生西方净土。

话虽如此，长宽分别为54厘米、高70厘米的坐棺，内部空间相当局促，真的足够容纳死者吗？入殓的细节留待后述，幸好南山城村没有这些规矩，"木匠只需按照死者的身材决定棺材的尺寸"。

亲人死后，遗属首先要把死者的床搬去储藏室。接着，要在死者枕边供奉线香、水和一株樒花[2]，然后准备枕饭。樒花又叫莽草，是丧葬仪式和佛事中常用的常绿植物。如此这般打理死者的枕边事务，被称为"枕返"。

通常，人们会在死者胸前放一把刀或镰刀。如今的葬礼，偶尔也有在死者胸前放刀的例子。南山城村放的是砍刀。传说猫从死人身上跨过，就会变成猫妖，放利

---

[1] 日本的1尺是30.3厘米，1寸是3.03厘米。
[2] 樒花：シキミ，学名为 illicium anisatum，日文汉字写作樒，又叫日本莽香。因为莽香在中文语境中多指香料，故此处直接译作樒花。

南山城村的证言

刃可以辟邪，也是为了避免这种情况发生。

此外，遗属还有件重要的事要做，就是弯折死者的膝盖。若不这样，尸体就会开始变硬，也就没法使其呈盘坐之姿，无法敛入坐棺。我在滋贺县东近江市石塔町进行调查时，有位受访男性表示："替死去的父母摆好盘腿坐姿，是子女能尽的最后的孝心。"

除了弯折死者的膝盖，入殓之前，还要让尸体变软，为此，每个村子的人都要费一番功夫。

辘轳匠人的避世之乡、滋贺县东近江市蛭谷村的人们相信，"在死者口中放一颗梅干，就能让遗体变软"。所谓辘轳匠人，就是在山中伐木，以木头制作碗等容器的工匠。据说公元9世纪，天皇之子惟乔亲王把辘轳的技术传授给这里的居民，其后渐为全国所知。也有人说，往死者身上盖土，使用真言宗的"土砂加持"祈祷法，就能让尸体变软。梅干和土，听起来好像半斤八两。相较而言，后住持的说明更为合理，他笑着说："据说尸僵持续十二小时左右就会开始缓解。配合这个时间在死者枕边念经，就能令其变软。曾经有人对我说过，'多亏大叔你念的经，真是感谢'。"

剖开遗体，为其做防腐、保存处理，称为遗体防腐（embalming），而为遗体提供这项服务的专家叫遗体防腐师（embalmer）。我曾听某位遗体防腐师说，人死后十二小时左右会发生尸僵，三四十个小时之后尸僵缓解，"但不同人发生尸僵的时间也不同，有的年轻人死后三十分钟左右就开始僵硬"。

如此看来，进行土葬的村落都会花费大量心力在软化尸体这件事上。

净身的礼仪

葬礼上最为重要的仪式之一，就是遗属为死者清洗身体。在南山城村，把死者从寝室搬到储藏室后，要在遗体周围立一圈遮挡用的屏风，遗属在屏风内秘密进行清理工作。"活字典"N先生的夫人说："一般是由近亲里的几位女性脱掉死者的衣服，为其擦拭身体。"

据说净身的礼仪有两种，一种是上面说的，为仰卧的死者擦拭遗体；另一种就是让死者盘腿坐在木盆中，为其清理。我曾在滋贺县最北端的长浜市余吴村，见过为死者净身的木盆。这种意义非凡的木盆直径约为80厘米，比常见的冲凉木盆小一圈。接受访问的东野更正先生说，他母亲去世时也曾用这种木盆净身。

同样位于长浜市的伊吹山脚下有个村子，要用绳子在这种木盆上绑个"十字结",让死者坐在上面,为其净身。十字形的绳结是受了伊吹山修验道的影响,据说它能让死者的灵魂得到救赎。此时,需要与死者血缘关系最近的几位男性为死者净身。从这个案例可以得知,净身并非女性的专职。

滋贺县余吴村实际使用的净身木盆

无论哪个村子,为死者净身时使用的热水,都是在冷水里掺开水兑成的,这叫"逆水"。如今,在日常生活中往冷水里加开水,会被长辈训斥"不吉利",因为这是葬礼中独特的逆向礼法。

无论是在土葬的村子,还是殡葬公司提供的葬礼业务中，都有往冷水里掺开水的逆向礼法。殡葬公司的净身仪式，最初也是想打着新型服务的旗号，延续逐渐消失的传统丧葬风俗。根据我的调查，其灵感源于20世纪90年代初为高龄者提供的洗澡业务。用木盆为死者沐浴，想来也有类似的源头。

净身与落语

"过去不只要净身，还要把死者的头发剃光。"后住持说，这叫剃发仪式。剃发由寺院僧人执行，剃完头就意味着死者已经出家为僧。换句话说，从前为死者净身和剃发是一套相辅相成的宗教仪式，但随着时间流逝，这套仪式的意义逐渐被淡忘，变成了遗属的职责。

我在富山县冰见市进行调查时，曾听遗属们说，直到昭和三十年代（1955—1964），净身和剃发都是由遗属负责的。

哪怕逝者是女性，也必须剃发。类似的风俗，还体现在落语①《第三年》中。话说有对关系和睦的夫妇，妻子临死前与丈夫约定，死后要化作幽灵来相见。然而

---

① 落语：日本传统曲艺的一种，类似中国的单口相声。

丈夫等了又等，妻子的幽灵也没有出现，直到第三年，夫妻俩才终于重逢。这是因为妻子的遗体在净身仪式上被剃了光头，待头发重新长长之前，她都不敢出来与丈夫相见。古典落语里有不少异曲同工的结尾，如果不清楚过去的丧葬习俗，就很难理解其中的趣味。

净身与剃发：让遗体呈盘坐姿态，为其剃发
引用自《近畿的丧葬·墓制》（明玄书房　昭和五十四年）

将尸体五花大绑

除了净身，还有一项重要的工作，就是为死者入殓。尤其当棺材是坐棺时，入殓极为困难。后住持说："若逝者是男性，就让其呈盘腿坐姿；若是女性，就让其呈正坐姿势入殓。只要弯折逝者的膝盖，无论男女都能顺利入棺。"

在南山城村，坐棺的入殓不需要遗属来做。熟悉村规的 N 先生表示，村里有被称为"与力"的互助会成员，入殓都由他们负责。与力与邻组不同，他们负责指挥村里所有冠婚葬祭的仪式，葬礼上除了入殓，还要有人记录奠仪的出纳、担任治丧委员长的职务等。也就是说，让相对熟悉葬礼事宜的与力接手入殓工作，从而使遗属从这项苦役中获得了解脱。

至于入殓的过程有多困难，我们可以看看其他县的调查。滋贺县长浜市川道的某个村子，一位曾为死去的父母入殓的男性说："将盘腿而坐的父母身体再向前弯折，用力按压其背部，以便遗体能进入狭窄的坐棺中。遗体的背骨几乎快被折断，由于场面太过残忍，我把在场的小孩儿都赶出去了。"

柳田国男在《丧葬习俗词汇》中也写过：

> 脱光死者的衣服，使其盘腿坐在米袋盖子（米袋两端的圆形草编盖子）上，再用绳子将死者五花大绑，令其手腕紧贴身体……有时颈骨会"咔"的一声碎裂。

佛教民俗学家五来重的《埋葬与供养》（东方出版）中也写到，将死者五花大绑后入殓，是为了封印死者，避免死者给生者带来灾难。

富山县冰见市某村的一位男性表示："因为要用绳子把尸体五花大绑，清醒状态下很难做到，大家都是在痛饮之后一起帮忙入殓的。但由于指挥的人太多，过程并不顺利。"在南山城村，一般都是熟悉入殓流程的与力担任"船老大"，负责发号施令。或许是这个原因，当地的入殓事务很少出现纠纷。想来，也是多亏当地的坐棺尺寸没有硬性规定，而是根据死者的体型量身制作。

舀水：送别死灵的哑剧

在土葬墓地埋葬完死者之后，南山城村的人还有一项奇特的丧葬风俗。以下内容由 N 先生的夫人讲述，她母亲去世于十四年前。

> 送葬归来，我们在家门口的玄关处，用长柄勺假装舀水到木盆里，并且把这个动作做了三遍。这叫舀水仪式。虽然实际并没有用到水，只是假装里面有水。

假装用长柄勺舀水到木盆里，这种奇妙的风俗究竟是怎么回事呢？

具体说来，就是当 N 夫人从墓地归来时，等在家里的近亲女性会用长柄勺假装从厨房的水瓮里舀出一勺水。女性带着空勺走到玄关，把勺子交给 N 夫人。N 夫人接过勺子，假装里面有水，并把"水"倒进面前的木盆。

据说，这一系列动作总共要做三次。两位女性的行为，宛如一出秘密与死者魂灵沟通的哑剧。据《南山城村史》记载：

> 这或许是一种"送灵仪式"，旨在把家中的死灵送出门外。

至此，哑剧尚未结束。N 夫人说："送葬归来的人要把双脚轮流放入空木盆里，假装洗脚。我也不知道这个动作有何意义，只知道叫'洗脚'。"从墓地归来的人要在家门口用装了盐的木桶洗脚，这一风俗见于全国各地，但用空木桶假装洗脚的习俗却很罕见。

这种无声的行为源于对死之不洁及死灵的恐惧，目的是阻止其作祟。

捂住耳朵

南山城村的 N 先生说:"我们这里有种'捂耳朵'的风俗,如果听说村里有人去世,且自家有人与死者同龄,就要用锅盖捂住那个同龄人的耳朵。"

他又说:"与死者同龄的老人为了表示自己没听到这个不幸的消息,还要捂着耳朵念'听点儿好事,听点儿好事'。若是这样还觉得不吉利,就要去村里那个无人值守的寺庙。寺里有个小祠堂,供奉着一尊名为"锅佛"的石佛,据说只要摸摸石佛的头顶,就能消灾免难。"

《丧葬习俗词汇》里也收录了很多捂耳朵的事例。除了用锅盖捂耳朵,有的地方会制作一种名叫"捂耳饼"的年糕,还有些地方"把刚煮好的米饭捏成饭团,挡在两耳旁边,还要用簸箕(一种农具)挡住头"。又或是"带两个馒头去石桥上,用馒头捂住两耳,然后把馒头放在桥上,头也不回地归家"等,版本多样。

需要捂耳朵的不止老人,还有小孩。如果村里有幼儿死亡,要用糕点捂住家中同龄孩子的两耳,之后再把捂耳朵的糕点扔进河里,使其顺水漂走,这是因为大人害怕幼儿被死者带走。

问询巫女

南山城村仍然残留着这样一个习俗：埋葬死者的次日，要让两三名死者近亲去拜访邻镇的巫女，聆听死者之声的传言。这叫"问询巫女"。东北地区有巫女召唤死者之灵的附身通灵法，十分有名，南山城村的"聆听死者之声"与之完全相同。我曾以为附身通灵是东北巫女的专利，看来也并非如此。

据N先生说，巫女手持念珠吟诵《般若波罗蜜多心经》，念着念着，忽然说了句"差不多要附身咯"，接着就用死者的声音说："辛苦你们为我操持，后续也别马虎啊。"如此这般，传递死者的声音。

南山城村的生母去世后，N夫人也曾参与问询巫女的仪式。据说问完巫女回家，不能从玄关进门，而要绕过院子，从廊檐进屋，并与家中留守的人进行一番问答。问答有既定的套路，大致如下。家里人问："怎么这么晚才回来啊？"见完巫女回来的女性答："胡说，这种事也不会有第二回了。"之后，大家就一起吃饭。

写这本书的时候，我很偶然地从某位男士口中听到他问询巫女的经历。这件事发生在三重县伊贺市上野的一位巫女家。问询巫女的风俗，似乎广泛存在于近畿[①]

[①] 近畿：靠近都城的地区，特指京都周边地区。

地区。以下，就是那位男士的经历。

1998年，这位男性参加完祖母的土葬仪式之后的某天，跟家里几个亲戚一同前往巫女家。巫女家的庭院里有个小祠堂，问询巫女的仪式就在庭院旁的房间举行。一位像是巫女女儿的助手扶住老巫女的背，问询就开始了。这位男士讲述道："老巫女拨动念珠，发出痛苦的怪声，意识变得朦胧。助手在她身后扶着她的背，附身通灵就开始了。"

据说这位巫女不仅唤来了他刚去世的祖母，还有另外几位祖先。

没多久，巫女说："啊，我看到一个跛脚的女孩。"

闻言，遗属们纷纷说："没错，家里确实有过那么一个女孩。"

之后，祖母就显灵了。巫女问祖母："他们在医院有没有好好照顾你？"

语毕，又用祖母的声音答："啊，照顾得很周到。"

这位男士说："最后，巫女用祖母的声音说：'我差不多该走了，谢谢你们。以后有事再叫我。'"

接着，老巫女用尽全身的力气怪叫了几声。

据说，整个问询过程持续了三十分钟以上。

换 毛

如今依然有很多人忌讳友引日①，如果要举办葬礼，会尽量避开这天。在南山城村，如果有人在友引日举办葬礼，或是一年内有两人以上去世的家庭要举办葬礼，会用一种特别的行为来封印恶灵。

N先生说："送葬时，把一根绳子套在坐棺上，另一端绑上小锤子，就这样拖着小锤子去墓地。"

人们对死亡的忌讳，甚至波及动物。《南山城村史》中记载：

> 家里有人去世时，要把家中饲养的猫狗等活物装进麻袋，从桥上扔进河里，然后找牛贩子②换牛。这种行为叫换毛（中略）。究其原因，是要从家中放逐沾染了死之不洁的家畜。

读者们大概也听老人说过"不要用手指蛇"，或"不要学杜鹃叫"之类的禁忌。

---

① 友引日：历书中的六曜日之一，据说这天的白昼十分凶险，且无论做什么都分不出胜负；因有"带走朋友"之意，被日本人认为不适合出殡、做法事。
② 牛贩子：日语写作"博劳"，即做牛马生意的贩子。

在南山城村，鸡被视为神明的使者，据说过去的百姓都很忌讳养鸡。就算真的要养，也只能取走鸡蛋，决不能杀鸡吃肉，吃鸡肉的习惯是战后才慢慢普及的。还有种说法，鸡是一种灵鸟，如果有人溺水而亡，就把鸡放入笼中带到船上，鸡在哪里叫就搜索该片水域，必定能找到溺死者的尸体。

也有与植物相关的禁忌。N先生表示："如果家里有人去世，这一年都不会有人要他们家的种苗。因为人们觉得那是'死种'，对其敬而远之。"

最后的土葬

我在这章开头介绍过，三年前的秋天，真言宗观音寺的后住持主持了一次土葬仪式。逝者是位年过九十的男性，死前留下遗言，说"死后想被土葬"。据说一开始，遗属们对此困惑不解，因为根本没人记得南山城村自古流传的土葬惯例和送葬规矩。那时，后住持的寺庙已由女儿继承，他自己则退居二线，做了长老，但因为常年参与土葬相关的工作，所以接受了死者家属的邀请，来主持这场葬礼。

据说从前在土葬、送葬仪式中帮忙的邻组、与力等组织已经解散，抬棺人穿的白衣虽然还在，却早已破破烂烂，没法再穿。按照南山城村的规矩，应该由逝者家中的成年子孙负责抬坐棺，但眼下人数凑不够。虽然离开村子的孙子专门赶回来参加祖父的葬礼，但也因为对土葬习俗一无所知，帮不上什么忙。到头来，只能让村里的远亲男性来抬棺。话虽如此，在后住持的指示下，这家人还是抬着坐棺，顺利完成了送葬、下葬的流程。虽然他们设法准备了坐棺，但听说从前专门打造坐棺的木匠师傅也已不在人世。

南山城的丧葬"活字典"N先生也在2020年3月去世，他自己的遗体并未土葬，而是接受了火葬。熟知丧葬习俗的人不在了，后人哪怕想进行土葬也无能为力了。后住持预言："今后或许还会有人留下遗言，想被土葬，但南山城村的土葬确实在走向灭亡。"

柳生之乡周边村落仍在进行的土葬与送葬

土葬百分百得到延续

2011年1月,东日本大地震发生前的两个月,在奈良市东侧山间地带的大保町某村,有位老人去世了。逝者名叫大窪启道,是位八十二岁的男性。

从近铁①奈良站出发,坐一个多小时的巴士,就到了柳生十兵卫②生长的故乡。从这里出发再步行约一小时,就进入了南北延伸的聚落——大保町。

大窪先生生前罹患糖尿病,已在家疗养十年多,家里还有妻子八重子和一只猫。护理床放在紧挨廊檐的房间,大窪先生就是在这张床上、在八重子女士的陪伴下停止了呼吸。当时,大保町还是个实行土葬的村落,几

---

① 近铁:近畿日本铁道的简称。大型民营铁道之一。
② 柳生十兵卫:日本江户时代初期的剑客。

乎百分之百的人去世后都采用土葬。

我的床哪儿去了

大窪先生在回家疗养前，有几年一直往返于天理市的医院，反复住院又出院。天理市是距离大保町最近、又有大医院的城镇。渐渐地，老人坦露了"讨厌医院，想回家"的心声。医院方面也表示"已经无计可施"。妻子意识到丈夫死期将近，就把家里的衣柜啊、床啊，都一把火烧了。直到家里人开始商量葬礼流程，医院里忽然有位年轻医生表示，"不如让我去你们家出诊吧"。这位医生致力于解决人口稀少地区的医疗问题，过去经营诊所的时候，常到大保町附近的村子出诊。

据说从医院回家后，大窪先生说的第一句话就是："我的床哪儿去了！"就这样，以看护为前提的出诊治疗开始了。家里人已经决定，不再让老人接受痛苦的透析，之后十年，老人换了新床，房间也从走廊深处移到了廊檐旁边。

廊檐外是个宽阔的庭院，院子里有大窪先生在儿子刚出生时挖的小池塘，还有孩子们爬过的柿子树。极目远眺，视野前方有座山，那就是出生于大保町的大窪先生即将入土的地方。八重子女士说:"每天早上打开廊檐的窗,风吹进来,满是树木的清香。"附近的村民每天轮流来访,自然而然也起到了陪伴和关心病人的作用。

大窪先生曾在战时参与"学生动员"训练,又在十六岁迎来了战争落幕。"他年轻时当过民生委员,总在照顾别人。虽然很有人望,但也没干什么正事儿,是个性子很软的人。"妻子八重子说。

八重子女士的女儿从小生活在父亲身边,笑话父亲"曾经是个捣蛋鬼"。据说这位捣蛋的父亲①在昭和四十四年(1969)的大保町附近修建了须川大坝,让村里人比奈良市更早用上了电,是全村的恩人。整个昭和时期,他把山里砍来的桧树当电线杆卖,还经营过茶田,经济上应该比较富裕。

病 危

回到自己家中,原本命悬一线的老人彻底改变了生活方式。八重子女士说:"他当时太能吃了。最喜欢西瓜、草莓大福、红豆饭。去世前四个月还在抽烟,喝酒

---

① 原书为"祖父",疑为"父"之误。

也厉害，直到死前一个星期都在用吸管喝烧酒。"由此可见，他死前还跟从前一样捣蛋。老人的糖尿病症状逐渐恶化，腿部已经坏死。八重子女士说："孩子他爸体重有一百公斤，我一个人照顾起来实在够呛。给他换尿片的时候，明明没多少大便，味道还是很难闻。但他去世前三天，整个人从内到外都没什么精神。"出诊的医生曾说："实在精力不济的时候可以找我。我会立刻赶过去。"

老人病危时，住在奈良市的次子立刻赶了回来。长子在三岁就已夭折。次女住在横滨，也于当天傍晚时分赶回家。定居巴西的长女则是于当晚八点打来电话。听到长女的声音，老人短暂地清醒了片刻。最后，长女没能赶上老人的葬礼，但也在七七四十九日那天远道归来。

在自家疗养了十年后，大窪启道先生静静离开了人世。"大家都尽力了，没有任何遗憾。"八重子女士脸上绽开明朗的笑容。

送葬的红炎[①]

大窪先生去世后，首先进行的是净身仪式。依据大保町的土葬风俗，应该由外甥、侄辈的近亲为死者净身，

---

① 红炎：指红色的火焰。

大窪先生则是由出诊的护士帮忙整理遗容、化妆，并以酒精擦拭身体。如今，由护士帮忙处理死者最后的大小便、清洁遗体、给死者化妆的情况越发普遍。就连大保町这样的村子，也出现了名为"天使护理"（Angel Care）的护士，代替家属处理故人遗体。

大窪先生的家人毫不犹豫地选择了土葬。开头的送葬流程，由七户近邻组成的"邻组"负责指挥，组长担任治丧委员长，丧主则由大窪先生的次子担任。

以下是土葬之村——大保町的送葬队伍人员配置。

领头人手持火把。这火把很大，由几根高达2米的青竹捆扎而成，顶端燃着火焰。事实上，很少有人在送葬过程中使用燃着红炎的火把。就我调查过的地方来说，手持未点燃的小火把的情况居多，我也是第一次看到这种点燃的大火把。想来，原因之一是夜间送葬的情况越来越少，照明的功能从火把转移到了后面的提灯人身上。

比起照明这种实用功能，火把更像是种悼念的符号，即圣火。就像某些与逝者颇有渊源的寺庙会点燃长明灯。据大保町的村民描述："大火把的火焰烧得红彤彤，一路都冒着滚滚黑烟。"

走在领头人身后的是肩挑四块年糕的人。前面南山城村的土葬部分也提到了四块年糕，这是死者在黄泉路上的干粮。紧接其后的是提灯人，再往后是写有"诸行无常"等文字的四面白幡。

接下来是被称为"轿子"的棺木。大保町的棺木是让遗体仰卧其中的寝棺。负责抬棺的近亲要在黑色丧服外穿一件背后写有梵文"䭾"、代表阿弥陀佛的白色外褂。大保町从前的丧服也是一身雪白，如今简化为白色外褂，也算是对传统的保留。

寝棺上有小型天盖遮挡，手持天盖这一重要任务也由担任丧主的次子负责。次子表示："大保町的土葬之所以能长久延续，是因为本地很早就开始使用寝棺作棺木了。"如果是坐棺，为逝者入殓时，遗属们必须像前面提到的那样，对遗体施加残酷的手段。在这一点上，寝棺的入殓免除了那份苦役，死者也不至于遭受折磨。

逆　带

走在寝棺和天盖之后的，是持牌位的人。在大保町，一般由丧主夫人担任这一角色。身穿黑色丧服的丧主夫人打扮有些奇特，原本该系在身后的太鼓带被系在了前面。这叫"逆带"，也是与日常行事相反，只在办丧事时表达悼念的逆向礼法之一。

另外，包括丧主夫人在内的送葬队伍中，死者的女性近亲都要系白色的束袖带。这大概源于过去送葬时穿的白衣。大窪家的次子说："孙辈系黄色束袖带，重孙辈系红色束袖带。红色束袖带有庆祝家族子孙绵延的意思。"

奇怪的是，不止丧主夫人，所有近亲都要在耳朵上贴一张三角形的小纸片，看起来很像耳饰，想来是因为从前参加葬礼的人要在额上系一块三角巾，三角形小纸片是其变形后的产物。大窪家的次子还说，这种白色耳饰要丢在墓地，意思是把死亡的不洁留在墓地，不带回家。

队伍末端是来参加送葬的村民，就这样，长长的队列朝着大窪先生每天早晨眺望的远山前进。据说他的妻子八重子女士没来，而是在家里跟丈夫道别后，目送队伍离去，把后续事务都托付给了继承家业的次子夫妇。

假门与四十九院

2011年4月，我参加了大窪家的百日法会。在真言宗的葬礼主持人村岸定光住持念完经后，我跟随参加法会的死者近亲，步行前往墓地。前面就是大窪先生长眠的山。

只见道路崎岖、坡道险峻，走近墓地入口，发现那里还留着几张草席、两三双草鞋。此前，丧主夫妇就是跪在这里，朝送葬人员行礼致意。形式跟守夜和葬礼上的家属答礼相似。

墓地入口处伫立着一扇高约4米的青竹大门。这叫"假门"。住在奈良市内的次子听说父亲病危就立刻赶回来，在父亲咽气后迅速制作了这扇假门。

奈良市大保町的"假门"

"这是用砍来的竹子拼成的大门。装有我爸遗体的棺木要穿过这扇门。我从小就帮着大人们制作这种竹门，如今已经很擅长了。"次子说。

柳田国男的《丧葬习俗词汇》里也提到了假门，说它是一种追悼之门，要让死者的棺木从中穿过。有的假门立在坟地入口，也有的立在出殡时的玄关口或廊檐处。

大保町的四十九院

据说这种门出现得比天皇陵墓建造的时间还早，可以追溯到古代天皇风葬时设立的殡葬假门。但像大保町那样巨大的假门，我还是头一回见到。大窪家的次子说："假门只在出殡当天使用，不能放置太久。越早风化，逝者也能越早成佛。"

穿过假门，就是墓碑林立的土葬之森。眼前是六尊地藏像，还有石造的棺台。大窪先生的送葬队列也跟南山城村一样，按顺时针方向绕棺台走了三圈。之后，就是主持葬礼的和尚为逝者超度，然后再为遗体下葬。

按照大保町的土葬习俗，遗属与近亲中需要留一个人在家，不参加埋葬仪式。负责下葬棺木的是挖墓人，也就是村子里的村民。

村里某位男性说："葬礼那天，三四个挖墓人一大早就要赶去墓地，挖出深约2米的洞穴，等待送葬队伍的到来。"挖墓人要在一名遗属的注视下，把寝棺放入墓穴，再把挖出的土铲回洞内，堆出坟包，插上墓碑。

接着，还要在坟地四周修筑围栏状的忌垣。这种忌垣由四十九根白色木塔婆围成，叫作"四十九院"。

四十九院跟假门一样，源于古代的殡葬仪式。简单说来，它是从前进行风葬时修筑的围栏，能把遗体严密地封锁其中，随着时代变迁，风葬被土葬取代，这种古代的丧葬形式也被佛教吸收，融入土葬的墓地布置里，称为"竹篱"。

真言宗把土葬墓地里的竹篱视为兜率天的宝殿，所以要用四十九根塔婆代替。兜率天是未来佛弥勒菩萨居住的地方，也是在阿弥陀净土出现之前就已繁盛的净土。设立四十九院，就是为了祈祷逝者能往生弥勒净土。

不想被烧掉

大窪先生百日忌那天，新闻里刚好提出一种论调，建议将一个月前东日本大地震的罹难者进行临时土葬，之后再进行正式的火葬。大保町有位村民表示："这也太残酷了。根本没必要把死后安眠的人挖出来再烧一遍嘛。"

社会上一般认为，在给予充分供养前，不能把死于震灾的人草草埋葬。但大保町的村民们并不觉得火葬有多重要，在他们看来，土葬才是理所当然的。

当我向一位五十多岁的男性问起，土葬为何能持续的时候，他幽默地回答："当然是因为大家不想被烧掉啊。太烫了嘛。"接着又说，"人总想在死后落叶归根，就是这样。"

扯年糕

实行土葬的大保町还留存着一个奇妙的风俗，就是扯年糕。

这个流程要在埋葬逝者之后进行。送葬归来的人到了逝者家门口，要跟留守在家的人隔着门槛、背靠背扯一块年糕。根据八重子女士的描述，"当时，留守在家的我和送葬归来的次子背靠背，争着扯一块直径50厘米左右的大年糕"。这个扯年糕的习俗在全国范围内都可见到，事实上，京都府南山城村也有类似的版本。根据丧主的描述，留在家中的丧主夫人会与出嫁的家族女性争扯一块年糕。一般说来，扯下年糕更多的人即为胜者。虽然这只是丧葬仪式中的一种游戏，但其实年糕都预先留了切痕，以便留守家中或继承家业的媳妇能扯到更多年糕。大米和年糕是稻作文化的支柱，也被视为家中财产的象征。

扯年糕是一种胜负已定的比赛，体现了人们希望家族和睦、远离财产纷争的美好愿望。

滚　桶

大保町至今留存的另一个奇妙风俗，就是滚桶。具体做法是，当出殡的送葬队伍离家后，留守家中的人要把一种没有把手的养蚕桶从起居室滚到廊檐。

为什么要做这么奇怪的事呢？据大保町的老人说："这是为了避免死去的人再回到家中。"这个理由听着太过牵强，于是我又翻开《丧葬习俗词汇》，发现"滚竹篓"一项的说明里有如下文字："出殡之后，要把竹篓从停棺的位置滚到素土屋①,并用扫帚把沿途经过的地方清扫干净。"这叫"滚竹篓",目的是避免死者的灵魂徘徊不散。

如此看来,人们相信桶内的空间、竹篓的空隙等会成为死灵栖息之地,滚动并清扫,就是为了使其离开家中。至于为何要用养蚕桶,我问了八重子女士,她说是因为战前某段时期,大窪家一直在二楼设有蚕房,还雇了很多人进行大规模养蚕。当时除了大米和年糕,养蚕也是村里的支柱产业之一。或许是因为这样,当地人才把日常生活中不可或缺的养蚕桶拿来充当葬礼用具。

别火屋

关于大保町流传的土葬风俗,还有一点让我惊讶不已,那就是忌讳在逝者家中用火。现代人可能已经没什么感觉了,但在从前,避忌死亡的方法之一,就是不使用逝者家里的火源。即使村里其他家庭的女人来帮忙,也不会用逝者家的灶台,而用别家的灶台生火做饭。这叫"别火屋"。

---

① 素土屋:没铺地板的房间。

柳田国男曾经写过："人们认为服丧之家的火会变得晦气。"火变得晦气，是因为百姓对死之不洁的恐惧波及了逝者家中的火源。用迷信来解释固然简单，但过去的人真的很怕火变得晦气。《丧葬习俗词汇》中还专门辟出一章来介绍"换火"。

虽说大保町还保留着土葬的习俗，但对逝者家中用火的忌讳，想来已经不复存在了吧，怀着这种念头，我询问了村里某位女性，对方果断告诉我："为葬礼准备食物的时候，不会使用逝者家里的火。"这位女性还说，为了避免使用逝者家里的火，沾染由此产生的死之不洁，"葬礼这天，要在逝者家门外搭一个休息棚，在那里做饭，为前来吊唁的人提供酒水食物"。

观察这些沿袭土葬习俗的村落可发现，他们真的认为出入逝者家中、使用逝者家中火柴点烟，或喝了逝者家提供的茶水会生病。虽说如今的大保町村民已经不再相信这些，但关于火的禁忌依然顽强根植于人们心中。

另外，大保町还保留着一项风俗，就是给围观送葬队伍，或是中途加入送葬队伍的人分发糕点。遗属把供养在灵前的糕点分发给吊唁客，这种糕点被称为"山菓子①"，意思是于坟地所在山中分发的菓子。大保町

---

① 菓子：日式糕点的总称。

的习俗是在送葬队伍后方安排一个分发山菓子的人，山菓子则以豆沙包充当。

连日进行的祝祷歌

葬礼结束的当晚，大保町村民会聚集在逝者家中大唱祝祷歌。

据说一连四十九天，每天都要花一个半小时把参拜西国三十三所灵场①的祝祷歌挨个儿唱一遍。村里有位男性的父亲于年末去世，据说土葬之后，除了元旦三天假期，从四号开始，大家又聚在他家唱起祝祷歌，的确持续到了第四十九天。

虽然村里的土葬习俗尚在持续，但近几年，采取火葬的家庭也在逐渐增多。这是因为比起土葬、送葬的繁琐流程，殡葬公司主导的火葬要省事得多。

就在最近，土葬已经消失的某个村子的居民还在感叹，"一旦开了火葬的头，就很难再继续土葬了"。不过，大保町的人们表示，"就算土葬的风俗消失，也希望每晚唱祝祷歌的习惯能流传下去"。

---

① 西国三十三所灵场：指近畿二府四县以及岐阜县共 33 所供奉观音菩萨的寺院。

新盆的迎灵棚

2011年8月,值大洼先生的新盆①时期,我又一次走访了大保町。之前担任丧主的次子,加上邻组的两位男士聚集在一起,在大洼家廊檐的角落里搭建了新盆的迎灵棚。

首先是在廊檐的天花板与地面之间竖起四根长长的青竹作支柱。接着做一个齐胸高、带顶的箱子。箱子宽约40厘米,高约50厘米,想来是房屋的模型。把山里捡回的桧树叶铺满模型房屋的房顶与四壁,再把大洼先生的牌位放入模型中。之后用麻杆架一座梯子,从模型入口伸向地面。最后要在制作完毕的迎灵棚前摆上桌子、供品、香炉、蜡烛。供品下方要铺一张大荷叶,上面摆出模拟牛马的茄子与黄瓜装饰②。马是死者灵魂从冥界归来时的坐骑,牛是返回冥界时的坐骑。

我问正在忙着制作迎灵棚的男人,为什么要在迎灵棚下方架梯子,男人十分认真地答:"大概是为了方便亡灵顺着梯子进屋吧。"他大概是想说,在新盆之日,逝者必定会从冥界归来,所以要像对待活人一样对待逝者。

---

① 新盆:人死之后的第一个盂兰盆节。
② 把牙签插在茄子或黄瓜下面,做成牛或马的形状。

从这种观念可以窥见，他们日常有与死者对话的习惯。

傍晚，住持来了。他点亮迎灵棚前的蜡烛，开始为逝者念经。夏夜来临，伴随着念经声，住持后方的两位邻组男性双手合十，互相交换了一个眼神，接着用蜡烛点燃堆在廊檐的麦秆。点燃的麦秆即是迎灵火，在火焰熄灭前，两人迅速将其拿出门外，放在田间小道上，熊熊大火迅速燃烧。

带梯子的新盆迎灵棚

昏暗天光中，大窪先生的亡灵会在迎灵火的指引下，穿过火光照亮的小路，顺着迎灵棚的梯子进入房中——这场景颇有幻想色彩，又不失严肃。

之后，我在遗属的带领下来到屋后的山中，拜访了大窪家的参拜墓地。实行土葬的村子，一般都把下葬的坟地与参拜用的石塔墓分开设立。大窪家的参拜墓地里也供奉着各代祖先的墓碑，但刚过完新盆的大窪先生还没有自己的石塔墓。

换句话说，在用于参拜的新石塔建成前，他的亡灵会一直留在下葬之处的四十九院内。

土葬或家族葬

几年前，大保町的土葬率还是百分之百，但据说近年，土葬的数量也在急剧减少。2018年秋天，村里有位男性去世了。村岸住持接到当地邻组组长的电话，听对方说了葬礼的大致安排后十分吃惊，"居然要举行土葬"。村岸住持主持过大窪先生的土葬仪式，平时驻守在与大保町一山之隔的大柳生町、一家名为东福寺的真言宗寺院。

村岸住持与大保町村民的交往由来已久，可以追溯到他父亲还做住持的时候。据说在汽车尚未普及的年代，上任住持就曾徒步翻过大山，到大保町为檀家①主持葬礼或法事。大窪家恰好坐落于山脚的出口，上任住持也就常去拜访。

此外，听说上任住持跟大窪家的上任家主出生于同一年代，性格也很合得来。有时候在村里办事结束得

---

① 檀家：隶属于特定寺院，参与其经营、维持及佛事的俗家信徒。檀家之人死后，一般都由相应的寺庙负责主持葬礼。

晚，上任住持就会留宿在大窪家。

这一代村岸住持自小就跟着父亲走东访西，在大保町见过许多次土葬仪式。他性格温和，大窪家的人很少称他"住持"，而是毫不见外地叫他"一休和尚"。这位一休和尚说："最近，连大保町的人想为逝者举行土葬，也会受到远走他乡的亲戚们的反对，最后只能在殡仪馆举行小规模的家族葬。"

2020年春天，因新冠病毒感染而去世的人在殡仪馆举行了简单的葬礼，到场的只有五名家庭成员、三四位亲朋好友和两位村民，场面实在冷清。

村岸住持说："特殊时期，因为人人自肃，也没法儿邀请太多人，但就算排除这个因素，人与人的关系也确实在逐渐疏远。这才是土葬数量减少的原因。"

保留至今的传统土葬

2018年秋在大保町去世的男性已经入土为安。主持葬礼的村岸住持为我讲述了当时的情况：逝者是位六十二岁的男性，据说是在大保町的山林中作业时，意外被挖掘机压死。这位男性居住在大保町南边一个名为"御影"的地方，长年单身，家中还有母亲和哥哥。遗属们希望能为他举行土葬，但远在外地的亲戚表示反对，最后是在母亲老家近亲的推动下，拜托邻组帮忙，才让土葬顺利完成。

听说他们并未简化土葬开头的送葬队伍，而是按传统方式组织了人员。前面介绍大窪先生的土葬仪式时已经提过，走在队伍前端的是手持燃烧的大火把的人。接下来是肩挑死者的干粮——四块年糕的人。提灯人、捧牌位的人也在队伍里。路上给吊唁客分发的山菓子，也是传统的豆沙包。

唯一不同的是，因为找不到抬棺人，最后他们只能用一辆轻型卡车运送棺木。说起来，传统习俗中的抬棺人几乎都是逝者这般年纪，随着村子人口日渐稀少，除了逝者本人，再也找不到能抬棺的年轻村民了。载有棺木的轻型卡车缀在送葬队列之中，配合着人们的步伐徐徐前进。写有"诸行无常"等文字的四面白幡，也用绳子绑在轻型卡车前后，随着卡车的行进不断摇曳。

逝者的坟地在杳无人迹的深山里。大保町的坟地共有三处，第一处是这位男性下葬的坟地，第二处是大窪先生下葬的坟地，还有一处在其他地方。这位男性的坟地也遵照传统，在入口立了假门。穿过假门，送葬队伍绕棺台顺时针转了三圈。之后，就是在墓穴前念经超度。这项仪式要用到四根"四花"，跟南山城村的土葬礼法一样，住持把四花扔向墓穴的东南西北四个方位，接着唱起了供养逝者的经文。

村岸住持解释说："这个仪式是为了向本地神灵借地埋葬死者，所以又叫借地仪式。"再往后，遗属留下一人，观看当值的挖墓人埋葬死者。结束之后，在坟包上插了木牌，但没有在周围修筑忌垣的四十九院。这倒不是对葬礼仪式的简化，而是因为村里有规定，八十岁以上的男女才能修四十九院。

如此这般，大保町近期举行的土葬仪式也按传统习俗顺利完成，丝毫没有潦草敷衍。据说葬礼结束后，从坟地归家的遗属也按规矩跟家中留守之人在玄关进行了扯年糕活动。

"只要遗属想举行土葬，邻组就一定会帮忙。这是大保町的优点。"一休和尚即村岸住持说。

电影《殡之森》的取景地村落的土葬变迁

地狱谷

在戛纳国际电影节获得大奖的电影《殡之森》，取景地就是奈良盆地东部山间地区的奈良市田原地区。这里距柳生之乡和大保町也不远，海拔四五百米，乘坐巴士自近铁奈良站出发，大约需要三十分钟。田原地区横跨东西十九个町①，山间有美丽的茶田，被称为奈良市的小客厅。

2013年，我走访田原地区时，当地大野町的真言宗寺院·十轮寺的森崎隆弘住持颇为自豪地说："田原地区尚有九成人口还在实行土葬。"上述电影的取景地，也是少数几个土葬村落之一。

---

① 町：日本行政区划，也指城镇、街区。

2019年,我再次造访了十轮寺。住持一反常态,面带沮丧地告诉我:"田原地区已经没人土葬了。眼下殡葬公司的业务迅速增长,大多数人都选择了会馆葬①和火葬。"

短短六年之间究竟发生了什么?让我们以森崎住持的话为线索,试着探究田原地区经历过怎样的丧葬历史,才成为全国为数不多的土葬村落,并由此了解它的变迁。

住持说:"田原地区北部山间地带,自奈良时代就被称为'地狱谷'。这里没有寺庙或埋葬尸骨的墓地,人们只是把遗体丢在这里。"

为了寻访地狱谷,我从十轮寺出发,步行前往北侧山间地带。弯弯曲曲的道路很容易使人迷失方向,我走啊走,终于来到一条直通山间的小路。登上茶田间陡峭的坡道,就能看到太安万侣②之墓。太安万侣是飞鸟·奈良时期的贵族,因编撰《古事记》而为人所知。昭和五十四年(1979),写有"太安万侣之墓"的墓志及其火葬遗骨被人发现。之后,人们在史迹处复原了一座直径4.5米的圆坟。

然而,这里已经没有任何东西能让人联想到抛弃尸

---

① 会馆葬:在殡仪馆或当地某会馆举行的葬礼。在丧葬业者的安排下准备好葬礼必要的祭祀物品,举行仪式前有房间停放遗体,也有休息室供亲属小憩乃至守灵。
② 太安万侣:奈良时代的文人,民部卿,曾奉元明天皇敕令笔录稗田阿礼讲诵的帝纪、旧辞,并编撰三卷《古事记》献给天皇。

奈良市田原地区北侧山间地带的
太安万侣之墓（上）及圆坟（下）

体的地狱谷了。从地图上可知，自太安万侣之墓所在的山间地区，朝西北方向前进，直到春日山之间的区域，曾被命名为"地狱谷石窟佛"。这个石窟，也修建于奈良时代。

佛教民俗学者五来重调查了全国各地名为地狱谷的地区，得出一个结论，地狱谷就是过去用于风葬的山谷。其著作《日本人的地狱与极乐》（人文书院）中提到，就连被视为大和神体山的三轮山，"在江户时代的记录中也被称为'骸谷'"，说明这里也曾是风葬或遗弃尸体的地方。

著名的《饿鬼草纸》里有幅《疾行饿鬼图》，图上描绘了平安至镰仓时代，京都最有代表性的坟场——鸟边野，画上有散落在草席上的遗骸，也有狗啃尸体的模样。随着墓葬制民俗研究者的挖掘，我们逐渐明白，在土葬出现以前，确实存在遗弃尸体的时代。

森崎住持认为田原地区也不例外，在寺庙与檀家墓地出现以前，人们都是用草席裹住尸体扔在地狱谷。他之所以如此确信，据说是因为数年前，田原地区发掘出了装有复数遗体的大圆桶。

住持说："想来，当疫病等灾难导致人类大量死亡时，人们就把所有遗体放进圆桶，运到墓地，扔进墓穴埋葬。这个圆桶的发现让人意识到，在个人专用的棺木出现以前，还存在着另一个时代。"

据此可以推测，田原地区这个目前屈指可数的土葬村落，早期处理遗体的方式是丢在地狱谷，接着开始出现用草席裹尸或用大圆桶抛尸的情况，再往后才逐渐有了成熟的丧葬习俗，最终演变为土葬。

手拉式灵车

森崎先生担任住持的十轮寺，就在田原地区大野町的巴士站对面。登上陡峭的石板斜坡，山门就在眼前，穿过山门，左手边就是寺院的墓地。

墓地入口排列着六尊地藏石佛，对面就是历代先祖的石塔墓林。下面则是埋葬遗体的坟地。围绕墓碑竖立的塔婆形成了各式各样的忌垣，有的忌垣早已腐朽，有的墓碑还很新，上书"殁于平成二十四年"等。

源于古代殡葬仪式的四十九院遗迹随处可见。埋葬遗体的坟地与参拜用的墓地，两者划分得井然有序。

森崎住持说："田原地区十九町的居民中，有八町人死后都会被送往寺里，埋在寺院的墓地。剩下十一町人在各地区拥有公共墓地，我的职责就是为逝者主持葬礼。"

据说在明治以前，田原地区除了十轮寺，还有二十六所从属于该寺的僧侣培训寺院。但在经历了明治初期的废佛毁释①风暴，以及战后农地解放运动②后，其他寺院都毁于一旦，成了如今的公共墓地，唯有十轮寺勉强维持下来。住持说："虽然有人揶揄佛教只在葬礼上才被需要，但若没有葬礼这项业务，寺庙早就不复存在了。"

从山门出发，朝墓地的反方向走，就能到达寺院的正殿。穿过侧门，有个仓库，里面保管着送葬用的器具。打开门一看，仓库里有灯笼、四面白幡、装四块年糕的木箱等，送葬主要能用到的东西都在这里。四块年糕在前面也提到很多次，是奈良市东部山间地区土葬习俗的代表性葬具之一。

据森崎住持说，四块年糕又被称为"法界干粮"。"法界"指佛法所及的世界，是表达宇宙真理的佛教用语；法界干粮，也就是死者出发前往西方极乐净土时，在路上吃的干粮。

---

① 废佛毁释：日本明治初期发生的排斥佛教运动。根据明治政府的神佛分离政策，全国各地的佛寺、佛像、经卷等遭到不同程度的破坏。
② 农地解放运动：二战后，在GHQ（General Headquarters，联合国最高司令官总司令部）的指挥下，由日本政府执行的农地改革运动。

十轮寺所藏，装四块年糕（法界干粮）的木箱

摆满送葬用具的仓库里，最引人瞩目的是一台手拉式灵车。车身呈宫殿形状，带有屋顶，想来是如今宫殿型灵车的鼻祖。放置棺木的车身下有两个小前轮，两个大后轮，前轮上连接着两根木棒，只要操作木棒，就能拉着灵车在蜿蜒的道路上自由移动。

这种手拉式灵车是用来放置棺木的舆，所以又被称为舆车。打开舆车旁侧的窗户，上面写着："昭和十八年正月新制。"

奈良市田原地区的舆车（手拉式灵车）

电影《殡之森》开头，有一段令人印象深刻的送葬场面。在一片耀眼的绿色高原上，白幡随风飘扬，身穿雪白丧服①的村民们默默前行。森崎住持也出演了这一幕。

> 当时我拜托大家出场担任群演，假装送葬，以为村民们会反感，没想到他们说，能被拍进电影就去（笑）。

---

① 电影中，身穿雪白丧服（外褂）的只有灵车周围的人。

沉睡在仓库里的送葬用具，在电影里也派上了用场。每当寺院接到土葬委托，村民们就会用彩纸将其装饰一新，在送葬时使用。

大名笼轿型的舆车

昭和十八年（1943）新制的那辆手拉式灵车，原本是用来安置坐棺的。所以它现在用来放长方体的寝棺，就会有一截儿冒出来，显得不那么好看。"制作这辆舆车的战争时期，正好流行坐棺。"住持说。下面就让我们看一看，田原地区送葬时使用的舆车是如何变迁的。

仅仅是把坐棺放进舆车这一环节，就有许多烦琐的规定。打开舆车后门，放入坐棺时，要让棺中的故人面朝后方，这样才能在沿途看到自己生前成长的地方。如今用舆车运送寝棺也一样，先打开舆车后门，再从头的方向把寝棺推进车内。这一来，就算是仰躺着，故人也能面朝自己生活的地方。森崎住持说："逝者踏上黄泉路时，总会心怀不舍。"

除了新制的坐棺用舆车，据说还有一段时期流行过大名笼轿型舆车。大名笼轿型舆车可以轻松容纳整个坐棺，前后还各有一人抬棺。用这种舆车送葬比只有棺桶更显气派，也深受村民们的喜爱。也是在那段时间，送葬队列有了表演化的倾向。

然而战争结束后，寝棺很快取代了入殓麻烦的坐棺，受到人们的青睐。有段时间，田原地区进行送葬时，抬棺人也只是用两根木棒穿过寝棺，一前一后地抬棺行走。

再往后，村里负责抬棺的年轻人开始抱怨"棺木太重，想在路上歇会儿、喝口茶"。严守传统的老人则表示："这可使不得。太不尊重死者了。"不过，在实行土葬的村子，常能听到人们抱怨棺木太重。据我调查，很多地方的抬棺人都配有助手，但田原地区的抬棺人没有助手。这辆昭和十八年谨制的手拉舆车，却作为运送寝棺的灵车复活，并持续使用到现在。

善之网

2010年，田原地区的沓挂町举行了土葬与送葬仪式。当时的情形偶然被一位业余摄影师记录下来，这些珍贵的照片至今仍留在十轮寺。

送葬队伍犹如一条长蛇，缓慢穿行在茶田与农田构成的风景中。最前头是火把，接着是四块年糕（法界干粮)、灯笼、四面白幡,其中最引人瞩目的是紧随其后的一群扯着白布条行走的女人。白布条自手拉式灵车的手柄向前延伸,这种布条被称为"善之网"。因为连接着往生极乐的死者之灵,所以又叫"缘之网"。

善之网,或称缘之网,在全国的送葬仪式中都能看到。《丧葬习俗词汇》里也有如下记录:

> 在棺木前系一条白布,由近亲中的女性和孩子牵着走在前头,很多地区叫它善之网。

女性队伍排列顺序也有烦琐的讲究,有的地方让照顾死者至临终的媳妇走在最前方,有的则完全相反。

在田原地区,除了手捧牌位的丧主夫人要走在舆车之后,其他女性全都拉着善之网走在舆车前。"以舆车为界,女性全都走在前面,男性全都走在后面。参加送葬的女性或是来葬礼上帮忙的女性也不例外,全都走在舆车前。女性在舆车之前,男性在舆车之后,这大概也算田原地区的特色了。"森崎住持这样说。

田原地区沓挂町的送葬队伍步行了大约 2 公里,就抵达了埋葬遗体的墓地。2019 年冬天,我走访了这块墓地。墓地入口就是埋葬用的坟地,旁边是竖着石塔的参

田原地区的送葬队伍　（十轮寺供图）

拜墓地。两块墓地虽然相邻，却有明显的分界。埋葬用的坟地前方有六尊地藏石佛和放置棺木的石台，竹篱围成的忌垣型四十九院已经腐朽。

由此可见，沓挂町近来已经没人举行土葬了。

削指甲的奇俗

田原地区的送葬队伍中还有个角色，是负责拿食案的，这种食案在过去要供奉在埋葬用的墓地里。但不知不觉间，这种习俗发生了改变，拿食案的人要在送葬途中用稻草裹住食案上的枕饭，将其与食案一同扔进与道路垂直的小河。

为何风俗会发生这种变化呢？我为此寻访了村民，对方说："这是为了供养饿鬼。"想来葬礼当天，除了死者之灵，路上还有许多彷徨的死灵。这些灵就是所谓的饿鬼。饿鬼是六道轮回之一，时常苦于饥渴。于是，拿食案的人就开始肩负招待并供养饿鬼的责任。就这样，习俗演变为拿食案的人把食案丢进河里。但这种行为会污染河道，引发环境问题，后来也逐渐消失了。

田原地区还有个奇特的习俗，就是土葬结束后，从埋葬遗体的墓地归家时，必须"削指甲"。村里人说：

"当天,要找一个来葬礼上帮忙的人,用柴刀把墓地归来的遗属或近亲的指甲削掉。大概有驱邪的意思。"削指甲是动真格的,不仅如此,还要把削下来的指甲用半张和纸包好,恭敬地交给遗属。

据说,这种哑剧般令人毛骨悚然的习俗,最近也消失了。就像不久前葬礼结束后还会分发驱邪用的盐,如今的葬礼会场却再也看不到这种形式。或许是因为人们对死之不洁的恐惧逐渐变淡,驱邪的意识不复存在;又或许是因为,把死亡视为不洁也算一种歧视,人们刻意抑制这种感觉,古老的风俗便随之被忘却。

与之相对,田原地区至今仍残留的风俗中还有一项,是在葬礼第二天早上去扫墓。这叫"早起参拜"。近亲扫墓归来,要去逝者家吃遗属做的豆粥。森崎住持说:"豆粥并不是红小豆做的粥,而是用其他豆子跟大米一起煮软做成的粥。"这种风俗缘何而来,住持也不清楚。

可见,很多奇妙的追悼习俗只要跟吃扯上关系,融入了人们的生活习惯,就很容易长久流传。

做无用功也是一种供养

追悼的习俗逐渐变化或走向消失,在盂兰盆节的相关行事中也可见一斑。在田原地区，新盆的时候要用到旋转灯笼。旋转灯笼里面有蜡烛，燃烧时的热量形成上升气流，导致内框不断旋转，如同在放映富有幻想色彩的影画。新盆是家人第一次在现实世界迎接死者，在这天结束之时，要把旋转灯笼拿到屋外的地里烧掉。这种颇具风情的习俗叫作"焚火"。"现如今，用过的旋转灯笼只能拿去垃圾回收站。"森崎住持感叹道。

至此，我们可以看出，田原地区长年保留着土葬习俗。但在三年前（2017），以田原地区矢田原的葬礼为节点，当地再也没有举行过土葬仪式。

送葬队伍至少需要二三十位遗属、近亲参与其中，到葬礼上帮忙的村民必须通宵达旦，用竹子、纸张制作火把、灯笼、装饰用品等葬礼用具，才能赶上守夜和葬礼的时间。比起城镇殡仪馆举行的葬礼，土葬确实要花费更多心思和时间。

纵使如此，森崎住持还是更倾向于土葬。

  一位以九十高龄去世的老妇人，假设她二十岁嫁人，就要在田间劳作并与村里人打七十年的交道。如果在殡仪馆举行葬礼，只要选定一天，瞬间就能送别老人。但我总觉得这过程太轻易，让人难以消化。只有大家一起多做些"无用功"，才是送别故人时最好的供养。

以电影《殡之森》为契机，国内外有更多人知道了当地村民的古老习俗和土葬的有趣之处。但这并不足以阻挡土葬消亡的趋势。

葬礼在寺庙或殡仪馆举行

接下来，让我们听听田原地区的村民是怎么说的吧。一位担任檀家总代表的男性说："不久前，即使遗属什么也不说，我们也会默认举行土葬。但最近如果有人去世，邻组的人会一起到遗属家询问葬礼在十轮寺还是殡仪馆举行。现如今，大半遗属都会选择在奈良市内的殡仪馆举行葬礼。"

这位担任檀家总代表的男性表示，他的长子在东京任职，眼下被外派到非洲，次子在奈良市的市政厅工作。次子嘱咐过他，"我退休后要回田原，你不要把地卖掉啊"。这位担任檀家总代表的父亲说："希望次子能接替我继续守护祖先。"哪怕次子回到家乡，也未必会沿袭从前的风俗，但后人即使离开家乡也还生活在附近的都市，或许就是迄今为止，土葬还奇迹般地在这里延续的理由之一。

2019年末，我在采访调查中遇到一位到访十轮寺的男性，他说："土葬已经消失快十年了吧。我年轻的时候总是被拉去帮人挖墓。现在也一样，如果有人去世，家里人无论如何都不想火葬，而想土葬的话，也就只能土葬了吧。"

田原地区的土葬并没有彻底消失。十轮寺的仓库里依然珍藏着送葬所需的用具，只待将来某天重返华丽的舞台。不过，土葬的未来确实面临着危险和动荡。

神式的土葬

本居宣长的奥津城

自古以来，日本的丧葬仪式都由佛教人士主持。尤其是江户时代实行宗门调查[1]时期，去世的人几乎都采用了佛教式的葬礼。

国学者[2]本居宣长也不例外。但他生前信仰古神道[3]，认为山中存在他界[4]，并留下遗言：想在山顶修建奥津城[5]，死后安葬在那里。奥津城，即神道风格的

---

[1] 宗门调查：江户幕府为镇压天主教及其信徒而推行的制度。调查各家各人的宗派，要求檀那寺出具信徒证明，每年以村为单位制作宗教调查名册。明治六年（1873）被废止。
[2] 国学者：江户时代通过研究日本古典著作来分析日本固有思想与精神的学者。
[3] 神道：日本民族固有的传统宗教，早期发源于万物有灵信仰与萨满信仰，后来演变为祖灵信仰、氏神崇拜、国祖神崇拜等，又被大和朝廷作为国家祭祀加以制度化，往后出现了各种神道理论，明治后成为国家神道，二战后解体。
[4] 他界：即死后的世界。
[5] 奥津城：神道所说的墓地或墓穴。

墓地。这类墓地的墓石上大多刻有"奥津城"几个字，传达出死者想被葬在深山中的愿景。奥津城也写作奥都城、奥城等。

人死之后究竟会去往何处？比起佛教颂扬的十万亿土彼岸之极乐净土，日本人更倾向于认为，人死后会回到家乡的山中。这种固有信仰被称为山中他界观。人们相信，每年的彼岸①、盂兰盆节、正月，在山中（他界）成神的先祖之灵都会回到现世，给活着的人带来幸福。从这个角度看，神道的丧葬礼法比佛教更适合土葬。

奈良县最南端的吉野郡十津川村，至今仍保留着土葬的神式②葬礼（神葬祭）。

1863年，尊王攘夷派制造了天诛组之变，以十津川村乡士为主力发动叛乱，又在十津川村被剿灭。十津川村乡士的性格带有浓厚的勤王色彩，同村人也继承了这种传统。

自明治初期废佛毁释、打击佛教的运动以来，除了大正时期修筑的新宗教寺院，村里再也没出现其他佛教寺院。

---

① 彼岸：以春分、秋分日为基准的前后七天。日本人一般会在这七天内做佛事。
② 神式：即神道式，神道风格的。

十津川村的人口约有三千，面积约为670平方公里，是奈良盆地的两倍，可谓日本面积最大的村落。这个南北临山的溪谷之村，有修验之道①奥驱道可通向东北的大峰山，还有小路通向西北的高野山，从村子往南，距离熊野的本宫大社也不远。十津川村，就位于这些名胜古迹的交叉点。

溪谷之村：十津川村，水面闪着翡翠绿

在至今留存神葬祭的十津川村，神式土葬又是什么样子呢？下面就让我们了解一下。

---

① 修验之道：修验道的修行之道。修验道是在山林中修行的一种宗教。

由自由人神官主持的"土葬·神葬祭"

2018年9月，十津川村的武藏地区时隔三十年又办了一次土葬。逝者是N先生，年近百岁，曾任当地神官。他在毗邻十津川村北部的五条市某家医院停止了呼吸，又在同市的殡仪馆举行了葬礼。不过，N先生和本居宣长一样，也留下遗言，说想被埋进深山的墓地。所以在殡仪馆的葬礼结束后，N先生没被送去该市的火葬场，而是直接被送往他的故乡，十津川村武藏地区的家中。

村里人早已等候多时，还做好了土葬和送葬的准备。因为事先已经在五条市办过葬礼，遗体到家后就没再张罗，而是立刻开始送葬，前往奥津城。当天负责主持这场神式送葬的是位神官，名叫冈保。冈先生长年参与十津川村的土葬神葬祭，如今没在任何神社任职，是位自由人神官。据冈先生说，神式的送葬有以下流程。

走在队伍最前头的是长老模样的男性，手里拿着火把和扫帚。火把跟佛教式的送葬一样，是象征追悼的神圣之火，但不需要点燃。扫帚是带有神道色彩的送葬用具，据说来源于《古事记》中天若日子的葬礼。在日本神话中，天若日子这位神出现得很早。远在天孙降临之前，就被天照大神自高天原派遣下界，平定出云。可他到达出云后，却久久不曾复命，还用弓箭射杀了上神派来询问的使者雉。最后，弓箭自高天原射回，使天若日子毙命。关于这位天若日子的送葬记述里，有以下文字：

> 修建丧屋，命河雁持逝者供物，命鹭鸶持扫帚……

由此可以推测，如今神葬祭中领头人手里的扫帚，就来源于《古事记》中的"扫帚"。自由人神官冈先生说，"持扫帚之人肩负打扫墓地的重要职责"。

走在持火把与扫帚之人后面的，是持榊树枝的人。这也颇具神道特色。两根连枝带叶的榊树枝高约1.5米，树枝间还挂了纸币帛和注连绳，要把它们一起带去墓地。接下来就是神官冈先生。神式葬礼中，神官要穿白色的衣冠或法衣。据说也有神官会穿黑色或钝（灰）色的服装。冈先生说："神官要指挥整个神式葬礼，出于这个原因，神官在送葬队伍中的位置并不固定，会根据情况前后移动，一边指挥队伍一边前行。"

神官之后是五色旗，按青、黄、赤、白、黑的顺序排列。这也是在佛教葬礼中看不到的、神葬祭独特的葬礼用具。接下来是白色的铭旗，铭旗上用黑字写着"○○○之棺"，○○○是逝者的俗名。

再往后是灯笼。灯笼跟领队人手里的火把不同，要点燃以照亮道路。这种灯笼是在四方形木条外糊一层和纸所成，也是村民们手工制作的葬礼用具。

遮阳祠与寝棺

接下来就是棺木了。十津川村用的是寝棺，出殡时还有个特别的习俗：要由穿草鞋的孩子抬棺走出家门。不过孩子力气小，只在出殡时稍抬片刻，之后的送葬过程中，还是由队伍里的成年男性抬棺。孩子们手持逝者的草鞋、手杖行走。

寝棺上覆有白布，上面放着小尺寸的宫殿型祠堂，据说是用来遮阳的，所以又叫"遮阳祠"。这也是神葬祭独有的葬具。遮阳祠里放有灵玺，灵玺等同于佛教葬礼中的牌位。神道没有戒名，所以灵玺上写的是俗名。如果逝者是位老年男性，灵玺上就写"○○翁之灵位"；逝者是老年女性，就写"○○之媪"；逝者是年轻女性，就写"○○之刀自"；逝者是成年男性，就写

神式的土葬

"〇〇大人""〇〇郎子";逝者是幼儿,就写"稚郎子""稚郎女"。再往后是供品,包括插花筒、草席、杨桐树枝①、素陶等,都是在墓地举行神葬祭要用到的东西。据说过去的送葬队伍里还有持枪人或持刀人,但现在已经看不到了。冈先生说:"在平谷地区,棺木前会有持枪人或持刀人。如果逝者是男性,就持枪;逝者是女性,就持长刀。枪和长刀都是木制的涂色道具,其存在可以增添送葬队伍的威仪。"

枪和长刀,无一不令人想起江户末期被称为"十津川乡士"的半农组成的勤王武士团。此外,据说在刀枪管制尚不严格的时代,出殡时还有用猎枪放空枪的风俗。不止如此,在送葬过程中也会放空枪。枪声好比佛式送葬中象征出殡的激越钲声。以猎枪开炮,可谓山林村落特有的丧葬习俗。

三途川船费六百六十六日元

送葬出殡前,十津川村还有个习俗,就是往棺木中放饭团,供死者在黄泉路上享用。此外还要放六百六十

---

① 杨桐树枝:指前面说的榊树枝。

六日元零钱。由一日元、五日元、十日元、五十日元、一百日元、五百日元的硬币凑成，合计六百六十六日元。换句话说，这是现代版的三途川①船费。

神官冈先生说："这种习俗，我不是从神社本厅②的葬礼教程中学到的，而是在实际举办神葬祭时，由村民们教给我的。"

神式葬礼的礼法：拍手不能发出声音

送葬队伍爬上山坡，终于抵达了奥津城所在的墓地。夹在山野中的坡道十分险峻，途中还不时断路，或出现仅一人宽的窄道，令人伫立当下，不知如何是好。行路不易，最终抵达的墓地却也只位于山体中腹。

N 先生于 2018 年去世，最初选定的奥津城在山顶，但去世前不久，高龄的 N 先生又把墓地迁到了离家更近的地方，与祖先的石塔墓各在一处。

抵达墓地后，就由村里的男性负责挖墓。墓深约 2 米，送葬队伍到达后，立刻点燃了最前方的火把。火把

---

① 三途川：指冥河。
② 神社本厅：以伊势神宫为本宗，包括全国约 8 万间神社的团体。设立于昭和 21 年（1946 年）2 月 3 日。

熊熊燃烧，宛如古代悼念亡者的圣火。之后，冈神官在墓穴前为死者举行了神式的下葬仪式。送葬时带来的两根榊树枝被插在墓穴前方，神官站在树枝间的注连绳前念诵祝词。

据冈神官说，"祝词不是佛教那种艰涩难懂的经文，而是口语，大意是，这里就是你安息的墓地，请在此好好休息"。

念完祝词，在场人士要拍手，献上杨桐树枝，并像烧香时那样，供上一撮生米。这时候的拍手动作也有特别的讲究，跟平时不一样，不能发出声音。据冈神官说，"从下葬仪式到神道的五十日忌——相当于佛教中的四十九日忌——之间，拍手都不能发出声音。这叫默拍"。按出云大社派的规矩，默拍是二礼四拍手；按神社本厅派的规矩，则是二礼二拍手。

顺带一提，自由人神官冈先生遵循的是二礼二拍手。

在场全员都要填土

下葬仪式结束后，要把故人的棺木埋入土中。

首先是送葬队伍最前方的长老用带来的扫帚把墓穴周围打扫干净。接着，挖墓人把寝棺放入墓穴。送葬队列中的小孩带来了逝者生前用的手杖、草鞋，这些也要用作陪葬物品。

十津川村，参拜用的祭坛

之后，遗属和参加仪式的人在墓穴周围集合，开始填土。最先动手的是 N 先生的遗属，按十津川村的规矩，在场所有人都要填土。从遗属和亲戚开始，直到一般村民，每个人都参与其中，把墓穴一点点填平。堆出坟包后，再由挖墓人用力踩上几脚巩固土层。坟包上要插写有逝者俗名的墓碑。

再往后，就是在坟地上准备参拜用的祭坛。墓碑正前方要放一块干净的白色圆石。这叫玉石。

冈先生说："葬礼前，要在十津川村的河边挑一块最干净的圆石作为玉石。它在整个仪式中具有重要的作用。"以玉石为标记，再放上宫殿型的遮阳祠。遮阳祠前有张小桌，桌上供奉着生米和盐。木桌左右各有一个插花筒，用来放榊树枝，后面还有一对灯笼。

这种祭坛可以一直摆在坟地里，直至朽烂。参拜用的石塔墓，就在坟地近旁或周边。十津川村的墓地采用单墓制，埋葬之墓与参拜之墓并排修在同一个地方。

土葬大师

"十津川村山势险峻，是片坡地。若是用纵长偏长的坐棺，墓穴必须挖到 2 米以上。这里地下多是基岩，挖墓相当辛苦。"说这话的，是住在同村武藏地区的小西武夫先生（八十二岁）。

小西先生参与土葬长达六十多年，这回 N 先生的土葬是他时隔三十年重出江湖，虽然挖墓工作交由村里的年轻男性负责，但他还是担任挖墓总长，负责指挥全局，所以他也被称为土葬大师[1]。

---

[1] 大师：某一领域的高手。本书中指村子里精通土葬或火葬事宜的人。

因为地质条件苛刻，在十津川村的土葬流程中，挖墓这一环节往往要提前一天进行。根据我的调查，这是独此一份，其他地方几乎都是土葬当天才挖。毕竟葬礼是件不幸之事，人们希望尽可能在葬礼当天完成所有流程。正因如此，提前挖墓才反映了十津川村挖墓的艰辛。

小西先生说，挖墓之前，要在地面撒些酒和盐。在陡坡上挖墓，土层会不断崩落，作业也很难持续。为了不让土石掉落洞中，必须用木板挡在坡地上方，保持这种状态继续挖坑。但挖到某个程度，几乎一定会碰到坚硬的基岩。小西先生说："有时候从土葬前一天开始挖墓，挖到夜里才发现没法儿再继续。因此只能用电动挖掘机把基岩捣碎。"

十津川村的气象条件也很严苛，时常能在电视上看到当地遭遇雨雪灾害的新闻。除了挖墓，还有一项重要的准备工作，是平整送葬路上被毁坏的路段。"遇上暴雨集中的恶劣天气，要提前一天盖上防水布。"

此外，小西先生还谈道："我岳父去世的时候下了场雪，我们一大早就起来铲雪，从家里院子一直铲到墓地。话是这么说，到了夜里又飘起大雪，当时真心觉得对不起来吊唁的亲友。"

用猎枪朝墓穴开枪

关于十津川村的下葬礼仪，土葬大师小西先生至今依然清楚记得，从前在棺木下葬后，猎人要用猎枪朝墓穴开枪。据说早先某段时期，出殡时开枪不是放空炮，而是用实弹。

"我所在的武藏地区虽然没这个习惯，但附近几个地区确实有用猎枪的。想来带有驱邪或除魔的意味。"小西先生说。

2018 年，他时隔三十年参加的土葬就是 N 先生的，棺木是寝棺。本以为给寝棺挖墓要比坐棺容易很多，实际上还是在挖掘过程中遇到了基岩，一度难以为继。

土葬顺利结束后，小西先生终于松了口气，不料年近九十的 N 夫人说："我死后也想土葬。"

虽然遗属对这次土葬感到满意，让小西先生倍觉安心，但他很快发现，N 家族的墓地林立着历代先祖的石塔墓，已经没有多余的空间留给 N 夫人了。

他嘟囔道："真是令人头疼啊，如果 N 夫人也想土葬，只能把她埋在 N 先生的棺材上头了。"

神式的守夜祭

在十津川村，人死之后，要用沾水的毛笔润湿死者的嘴唇，使其饮下最后一口水，还要在遗体身侧放一把辟邪的刀。

据说不放刀的话，猫会从死者身上跳过去，让死者"诈尸"。净身则是"用榊树枝浸水后拂拭遗体，并为死者换上丧服"。冈先生说，他也为死去的父母净过身。

神葬祭中最有特色的，是被称为守夜祭的仪式。

当神官念出"接下来举行○○○御灵的守夜祭"时，仪式就开始了。整个仪式最重要的目的，是让死者之灵转移到灵玺上，所以又叫"迁灵祭"。

《神葬祭大事典》（戎光祥出版）中"神葬祭的祭礼"一节，对迁灵祭的解释如下：

迁灵祭，就是确定死者已死，并昭示此后诸种祭礼，皆是为了埋葬遗体。

冈先生表示："佛教会举行复杂的超度仪式，但我们只会用口语对死者传达，你生前如何如何，请安心离去吧。"

神式的土葬

"对了，我还记得有次守夜祭之后的深夜，遗属的远房亲戚留宿的独栋小屋突然失火，房子被烧光，还引起了很大的骚乱。"土葬大师小西先生回忆道。

据说守夜祭之后，遗属想烧点水给留宿的亲戚泡澡，不料烟囱过热导致失火，火势瞬间扩大，挤在二楼睡觉的亲戚们来不及换衣服，全都跑了出来，有人还因此扭伤了脚。当时，死者的坐棺被安置在一楼，大家狼狈地抬着棺材往外跑。好在坐棺平安被抢救出来，整间房子却被烧了个精光。

据说这是发生在昭和四十年代（1965—1974）的事。因为房子被烧，第二天的葬礼也没法儿在自家举行，只能改到附近的会场。送葬队伍也改从礼堂出发，最后顺利到达墓地，将死者下葬。

守夜祭结束后，万一所有人都睡着了，棺木大概也会被烧毁吧。现在的守夜必须从傍晚开始，但当时不是这样，只要遗属或近亲之中有人醒着，让灵堂一直燃着香就好。

这种在守灵夜不能睡觉的人被称为"夜伽"。若是没有这种传统的夜伽习俗，就不会有人发现着火，一点小失误也可能酿成悲惨的大事故。

黄昏参拜

十津川村还有个风俗,就是把逝者下葬之后,要在当日黄昏时分,在墓地焚火参拜。因为想看看十津川村墓地平时的模样,我走访了冈神官居住的同村平谷地区,参观了那里的墓地。

十津川温泉乡就坐落在平谷地区。登上冈先生屋后的小山,就能俯视穿梭山间的十津川,水面反射着翡翠色的光。沿山路前行,盘踞着一条仅容一人行走的窄道。若是要抬着沉重的棺木由此通行,应该非常艰难。终于登上山顶,有一片分段排列的公共墓地。摆在坟地上的遮阳祭坛、插花筒、墓碑都已腐朽,旁边是参拜用的石塔墓。带我来此的冈夫人说:"十津川村的墓地不下百个,大到整个地区的公共墓地,小到只有几户人家的墓地都有。"

黄昏参拜要在下葬的墓前进行,傍晚四点左右,近亲们就要聚在这里,点起火堆。

"焚火是为了驱魔。也有人说是为了防范盗墓贼。我小时候总听人说,黄昏时分不能去墓地,否则就会被鬼带走。"冈夫人如是说。

这种焚火,在葬礼之后要持续一个礼拜。

五十日忌除孝

十津川村的神式葬礼跟佛教不同，没有七天一次的祭日，只有葬礼翌日的翌日忌，和每隔十天一次的祭礼。神道的十日忌相当于佛教的头七日，二十日忌相当于二七日，一直到五十日忌，也就相当于佛教的七七四十九日。据说，现在很多家庭会把十日忌与翌日忌合并，在葬礼第二天举行，就像佛教的头七日一般在葬礼当天或翌日举行。

在死者家中搭个架子，上面放竹筒，筒里插根榊树枝，树枝上要系纸币帛。这叫"御灵代"。另外还要放上死者的灵玺。灵玺等同于佛教的牌位，但这枚灵玺是事前另做的，与坟地遮阳祠里放的不是同一枚。在信奉神道的十津川村，家家户户都设有祭祀天照大神的神龛，此外还有祭祀祖先的"先祖龛"。御灵代的祭坛须另设。因为刚去世的死者之灵还很粗暴，为了不给祖先添麻烦，要把双方隔离起来，分别祭祀。

五十日忌结束后，只要拆除御灵代的架子，死者之灵就会转移到先祖龛中，与之合祭。一年之后还有一年忌。此时，死者的灵玺要纳入附近氏子神社修建的"祖灵社"合祭。这是供养新近逝者的重大节点。再往后，死者之灵就不再带有死亡的不洁，开始与祖灵一同守护家庭。

"神式葬礼的习惯是要做三年忌、五年忌……一直做到百年忌，但如今一般只做到三年忌，往后就取消了。"冈先生说。

奥津城的撤除

为何十津川村能如此长久地保留土葬的习俗？最重要的理由之一，大概是附近没有火葬场。直到现在，十津川村也没有火葬场。

冈先生说："如果想火化遗体，距离较近的火葬场要么在北边邻町的五条市，要么在南边和歌山县的新宫市。两边都要开几个小时的车才能到。此外，火葬价格也要按外地来客的标准计算。"

十年前，外地来客的火葬价格高达十五万日元。最近虽然有所降低，据说也要好几万日元。

住在另一个村子的男性表示："我太爷爷是在新宫的医院去世的。当时，我们把圆桶坐棺塞进车里，运到医院来接他，在医院入殓之后，又把遗体运回家土葬。"

圆桶就是字面意义上的木制圆形棺桶。过去每个村子都会让遗体呈盘腿坐姿，将其纳入这种圆桶中。最近，人们在五条市或新宫市的医院去世后，会直接被送往当地殡仪馆举行葬礼，之后在火葬场火化的例子变多。因此，十津川村虽然还保留着土葬习俗，但选择火葬的人也急速增多。

十津川村的土葬之所以濒临消失，还有个重要的原因，就是越来越多的人把山顶的奥津城迁到山脚。虽说迁墓不难，只要像 N 先生那样，事先预留土葬空间，就可以把山顶的墓地迁到山脚的自家附近，但 N 先生这样的毕竟是少数。大部分人只是因为不想上山祭祀，就决定撤除山顶的奥津城。

到头来，土葬日渐减少，越来越多人选择了省时省力的火葬。

百年间无一寺的村子

自明治时代废佛毁释以来，直到现在，十津川村除了新兴的佛教寺院，没有一间传统寺院。这点对于考察十津川村的土葬为何能留存，具有重大的意义。

从巴士站"十津川温泉"往西北方的山中前进，很快就能看到几座静静伫立的卵形石塔墓。卵塔墓上刻有"历代住持之墓",里面安葬着废佛毁释前五十一间寺庙的住持。

幕末时代,国学者平田笃胤等人推动了神葬祭运动的发展。进入明治时代,受国学思想影响,政府神祇官僚开始推行神式葬礼。然而到了明治十五年(1882),现实急转直下,政府开始禁止神官参与葬礼事宜。很快,各地开始重建佛教寺院,民间葬礼也从神式回到了佛式。

但十津川村不同,据说当时全村一致反对取缔神葬祭,并向出云大社教①(而非伊势神社派系②)请愿,希望归顺该教会。相关事件在冈先生所藏的《大社教杂志》里有详细的记录。《〈出云〉思想:惨遭近代日本抹杀的神灵们》(原武史,公人社)一书中也介绍了上述事件发生的背景——伊势神宫与出云大社的神学论争。据该书所言,出云大社教曾经拥有匹敌明治天皇的权威,这在如今是难以想象的。

不过,据冈先生说,现在的十津川村,并非所有村落都按出云大社教的方式举行神葬祭。

---

① 出云大社教:1882年,由当时的出云大社前大宫司、第八十代出云国造,千家尊福创设的教会。本部设在岛根县的出云大社内。需要指出的是,出云大社与出云大社教并不相同,前者属于神社本厅派系,后者独立于神社本厅之外。
② 伊势神社派系:指前面所说的神社本厅派系。

神式的土葬

废佛毁释以前的僧人之墓,自那以后一百年,十津川村再没有一间传统寺院

明治十七年(1884),虽然所有村落的村民一致决定归顺出云大社教,但后来情况发生了错综复杂的变化,现如今不同村落有不同的归属,有出云大社教的,也有神社本厅教的。此外,新兴的天理教等教派也会举行神式葬礼。

不过,十津川村的玉置神社曾是出云大社教的据点,现今依然祭祀着出云大社的神灵。该神社还跟熊野大社①颇有渊源,被称为熊野大社的内院。

---

① 熊野大社:位于岛根县八束郡八云村熊野。与出云大社同为出云信仰的中心。

在十津川村主持神葬祭的神官，有很多来自玉置神社。据冈神官说，他也有段时间曾改籍至该神社。不管怎么说，在神官们的努力下，十津川村通过神葬祭而非佛教葬礼的形式，把土葬这一丧葬形式延续了下来。

摘花去

事实上，在2020年1月初，十津川村也举行过一次土葬。担任神葬祭神官的是冈先生。逝者是今西地区一位一百零四岁的女性。

这位女性并未在死前留下土葬的遗言，只是因为她丈夫早在四十年前去世并被土葬，遗属们才想着"让她跟丈夫埋在同一个地方"。前年秋天，这位女性的女儿找到冈先生，说："我母亲随时可能撒手人寰。如果她去世了，希望您能来主持葬礼。"

冈先生告诉我："话虽如此，遗属里已经没人知道土葬、送葬的具体操作方法了。来帮忙的村民也早就把土葬的习俗抛之脑后。"

因此，他们没法像前面所说的那样，组织一场具有十津川村特色的、精细的送葬仪式。虽然准备了写有逝者俗名的铭旗，却没有准备五色旗。当地送葬的特色之一是，当逝者为女性，要找人拿着长刀走在棺木前，彼时也找不到人扮演这个角色。

在冈神官的指挥下，这家人好歹凑齐了神式葬礼中必要的火把、扫帚、榊树枝，还有神葬祭中重要的遮阳祠。问题在于，他们找不到人带着这些葬具参与送葬，无奈之下，只好用车把葬具送到墓地。

到头来，送葬队伍十分简朴，只有家里人抬着寝棺前行。到达墓地后，他们先找到死者丈夫早已腐朽的墓碑，以此为标记挖开墓穴，把这位女性与四十年前死去的丈夫并排合葬。在冈先生的主持下，神式的下葬仪式顺利完成。由此可见，十津川村的土葬也犹如风中残烛，危在旦夕。

冈先生表示："像小西先生那样熟悉土葬的人一个个离开人世。越来越多的人不懂送葬的习俗，土葬或许也会在不久的将来消失。"

漫步十津川村，随处可见奥津城样式的墓地。坟墓不计其数，有些在车道上看不见，有些就在村民们屋前。据冈先生说，进山参拜奥津城又名"摘花去"。

想来，只要这些带有往昔凭吊余韵的词语还留在人们的记忆里，土葬和送葬就不会轻易地消失。

死后四十九日挖开坟墓的村子

劈开棺木，发现死者的头发变长了

　　四十九日忌这天早上举行法会，亲属们各持一把铁锹，挖开死者的墓穴。挖着挖着就出现了白骨。那是比棺木主人更早下葬的遗骸，有两具、三具……于是大家轻轻取出那些头盖骨，摆在地面。

以上，是来自三重县伊贺市岛原村天台宗寺院 I 住持的讲述。

土葬过程中最为惨烈的，莫过于当地的"劈棺"风俗。葬礼之后第四十九天，要挖开坟墓，掘出棺桶，劈开棺盖，再把土填回去。据说这种风俗一直持续到昭和五十年代初期（1975年左右）。十年前，我第一次从三重县山间地区出身的女性口中听到这个令人诧异的风俗时，就迅速着手展开采访调查。但没过多久，这位女性就过世了。失去了引航员，我到当地政府询问劈棺是怎么一回事，接待我的人毫不留情地表示"我们没有这种风俗"。后来，我终于在伊贺市的岛原村找到了调查的切入点。

岛原村的住持说完开头那段话，又告诉我，负责劈棺的是逝者的遗属或亲戚。

挖墓时，挖到2米来深，就能看见墓穴里白色的寝棺。因为给逝者入殓后会在棺木上钉钉子，所以棺盖没法打开，遗属们只好用柴刀劈开棺木。据说劈棺时会发出干燥的"哐哐"声，这种声音至今依然时常回响在住持的耳边。

劈开棺木后，就能看到尚未完全白骨化的逝者遗骸。有时会发现他们的胡子或头发变长了。瞻仰完逝者的遗容，遗属们就开始填土入棺。填满棺内所有空隙后就开始填墓穴，填平后再用脚踩实。接着，再把挪开的石塔重新放在坟墓上方。

当然，劈棺过程中如果挖到其他人的头盖骨，也不能粗暴对待。据说有人会抚摸头盖骨，感叹"这是奶奶的呀"，然后将其郑重地摆在一旁，合掌作揖。

这种奇怪的风俗究竟为什么会出现呢？岛原这个地方面积狭窄，没有条件实行两墓制，只能实行单墓制。也就是说，他们没法把下葬的墓与参拜的墓分而设之，只能在下葬之墓的上方竖一块参拜用的石塔墓。

整个岛原地区尤以这里土质最为柔软，遗体埋葬后不过数年，石塔墓就会肉眼可见地倾斜。这是因为石塔墓下方的土层开始凹陷。首先是棺木腐朽，接着是棺中遗体腐烂，棺内空隙被土石压垮，导致整个坟墓的塌陷。

换句话说，岛原的面积小，无法实行两墓制，所以坟墓的塌陷很可能导致祖先的石塔墓随之倾覆毁坏，引发大问题。

尸蜡化尸体也会出现

伊贺市的岛原位于京都府与奈良县的交界处，也在木津川沿岸东西走向的 JR 关西本线上。拥有劈棺风俗的天台宗寺院地区，就在这条关西本线岛原站的北方山间地带。该地区处于地质学上的木津川断层带，土质松软，时常发生山崩等自然灾害。昭和二十八年（1953）发生过大洪灾与泥石流，包括天台宗寺院在内，周边地区都被洪水淹没。据住持说："因为地表以下就是沙土层，往下是砾石层，再往下是黏土层，土地很容易塌陷。"

除了土质松软，当地还有个特点，就是面积狭窄、人口却不少。在铁路尚未民营化的国铁时代①，岛原站周边曾被称为日本第一铁道村，集中居住了大量国铁职工。村里还出过祖孙三代都在国铁工作的例子，可见发展十分繁荣。时至今日，仅仅是这家天台宗寺院，就拥有四百个檀家。

综上，村里人口众多但面积狭窄，是当地只能采用单墓制的重要原因。

接下来继续回到劈棺的话题。据说挖土掘棺时，遗属们会互道一句"挖到骨襴②了"。"骨襴"是当地方言，指的是白骨化的头盖骨。因为劈棺距离埋葬不过四十九天，尸体往往并未完全白骨化，据说此时的骨襴也惨不忍睹。

尸蜡，是指尸体入土后，因为某种原因没有腐烂而直接蜡化或变成芝士状。我请教了尸体专家——某位遗体防腐师，对方表示："干枯的木乃伊是在高温低湿的

---

① 国铁时代：指铁路归国家所有的时代。
② 骨襴：音译，原文为ゴウラン・kouran。

环境中形成，与之相对，尸蜡容易在高温高湿的环境中形成。没有完全白骨化的尸蜡很可能凄惨得让人难以直视。"

岛原这种地质条件，沙土、砾石层往下直接是黏土层，排水条件差，也更容易形成高温高湿的状态。即使死者遗体被挖出时呈现尸蜡化，也并不是什么稀罕事。

昭和五十年（1975），随着土葬的逐渐消失，岛原的劈棺风俗也走向衰亡。话是这么说，其实很可能是劈棺这种残酷的习俗，间接导致了土葬的消失。

在岛原还是日本第一铁道村的时代，当地很多人入职国铁，去了三重县其他地区工作。其中一些人了解到工作地区的丧葬情况，不禁发出"劈棺太过残忍，干不下去了"的抗议。后来，劈棺的习俗也就逐渐消失。

天台宗的封棺送葬仪式

在残留着劈棺风俗的岛原，天台宗寺院是如何主持居民的土葬与送葬仪式的呢？下面会对此进行详述。

I住持表示："天台宗土葬仪式的特色，就是在寺院的正殿外为逝者封棺，这叫庭院仪式。"进一步说来，天台宗的土葬、送葬仪式分为三种：在家中举行的室内葬礼,在寺院举行的庭院仪式,在坟地举行的坟墓供养。

如果岛原有村民去世,遗属会在家中为其净身、入殓,之后再请住持到家中为死者超度,这叫室内超度。

超度完毕,遗属们组成送葬队伍从家中出殡,前往寺院。到了寺院,就把棺木放在正殿外,在这里举行庭院仪式。具体做法是打开棺盖,再次确认逝者已故,同时也是为了确认棺中只有一具遗体。

在确认逝者已故后,就要当场用钉子钉住棺盖。做完这些再吟诵咒文,大意是逝者已被封入棺中。

这个过程名为"锁龛·起龛",意为封棺与起棺。龛是棺材的意思。因为这个步骤是在正殿外的庭院进行的,所以被称为庭院仪式。

住持笑着说:"就算在寒冬腊月的雨雪时节,遗属们都躲进正殿,棺材也要放在殿外,仪式也在院子里举行。虽然觉得逝者可怜,但仪式也从未改变。"

天台宗独特的仪式结束后,遗属们再度组成送葬队伍,列队前往墓地。送葬队伍的具体阵容跟前面介绍的土葬村落区别不大,唯一值得注意的是,当地还有个由女性近亲担任的捧饭人角色。

放置米饭的食台是块尺寸合宜的长方形大木板,木板两头各架一根竹筒,筒上贴有和纸。木台的和纸上放有米饭和四个米粉团子，和纸上写着天台宗的经文，意为施舍食物给饿鬼。

由此可知，捧饭者手中的饭不是献给逝者的食物，而是施舍给周围漂浮的死灵与饿鬼的供物。

岛原的送葬仪式中，女性近亲也要牵一根从棺木延伸而出的白色长布条，即"善之网"。不过，她们拉着棺材转三圈的地方不是墓地，而是寺院的主殿前。可见，有些风俗虽然各地都有，但也会因宗派和地区不同而在细节上有所变化。

到达墓地，为死者做完坟墓供养仪式后，就该埋葬遗体了。

在盛行劈棺习俗的岛原地区，挖墓人要事先移开石塔，挖开墓穴。落棺之后要把挖开的土填回去，把地面填平踩实。踩的时候要很用力。之后，要在平整过的地面上放一块名为"柴三枚"的木板。四十九天后的早上举行劈棺仪式，就以这块木板作为挖墓的标志。

住持表示："每次劈棺都要先移开石塔，所以石塔表面的棱角已经磨得坑坑洼洼、遍布痕迹。"

就算做到如此地步，当地人也要以劈棺的形式来守护先祖之墓。

屈指可数的土葬地区

岛原的送葬仪式还有个特色,就是队伍里没有樒花的插花筒,而是以纸扎的大花圈代之。日本中部地区的丧葬仪式,也经常用到花圈。

三重县虽然属于近畿地区,但在近畿的二府五县之中,带有相对浓厚的中部文化特色;岛原想必也受到了同样的影响。

不过,从地图上看岛原的位置,会发现一件有趣的事。紧临JR关西本线岛原站的西侧,就是与奈良市接壤的月濑口站,再往西则是京都府南山城村所在的大河原站。

如前所述,南山城村还保留着土葬的习俗。其实到近期为止,月濑也还有八九成的居民实行土葬。

六年前,月濑公民馆的U馆长带我走访了当地的土葬墓地。坟墓周围插满尖锐的青竹签。U馆长表示,这是为了防止野狗刨开墓地啃食尸体而设置的,因此其又称"防狗桩"或"防狼桩"。

这种以青竹签围绕坟地进行封锁的方式,想来也源自古代天皇的殡葬形式。月濑的青竹防狗桩还很新,可见在当时,土葬尚未消亡。

奈良市月濑的防狗桩，即用尖锐的竹签把土葬墓地围起来

另外还有件事十分有趣，那就是以土葬尚未消失的奈良市柳生之乡为圆心，画一个半径 10 公里的圆，东北的南山城村、月濑、岛原，西南的奈良市田原地区，南部的大保町，东南的奈良县山边郡山添村等，都在这个圆内。最近，山添村也还有人实行土葬。

如此看来，这个圆内，就是国内有数的土葬村落集中分布的土葬文化圈。岛原虽然身在土葬文化圈内，却相对较早地遗失了土葬文化，这主要是还是因为当地的劈棺风俗过于惨烈。

在大学纷争中自杀的青年

大约五十年前,昭和四十七年(1972)十一月九日,就读于大阪市立大学博士课程的某位研究生服毒死亡。两天后,遗体在其故乡兵库县丹波筱山的墓地下葬。我们暂且把这位青年称为 C。

C 自杀前一年曾积极参与大学斗争①,被视为活动家,但他在工学部递交的学位论文却未能通过审查,被判不合格。两个月后,C 在学校正门前搭了个简易棚屋,开始了他的抗议活动。三年前的 1969 年,参与全共斗②的学生们占领东京大学的安田讲堂,却被闯入其中的警视厅机动队攻陷。C 的抗议开始后不久,就发生了震撼世人的浅间山庄事件③。

校园纷争的暴风雨再次袭来。

当时,C 的一位男性好友表示:"C 不是什么左翼

---

① 大学斗争:20 世纪 60 年代,以"全共斗"为导火索引发的一系列校园斗争,学生与学校之间彼此对立,甚至发展为武力冲突。
② 全共斗:全称"全学共斗会议"。1968—1969 年,日本全国各地的大学生在校内掀起学生运动,学生们跨越年级与派系的藩篱团结在一起向校方提出诉求,这种大学内部的联合体称为全共斗。当时最著名的有东京大学的东大全共斗、日本大学的日大全共斗等。
③ 浅间山庄事件:1972 年 2 月 19 日—2 月 28 日,日本新左翼组织"联合赤军"的余党五人在长野县轻井泽町劫持人质,固守于浅间山庄。警视厅机动队及长野县警机动队包围山庄,试图营救人质,不料导致了大量死伤。虽然最后平安救出人质,却也创下警察包围罪犯营救人质的全国最长时间纪录(219 小时)。

活动家，只是个认真搞学术的理科研究者。"

C的活动记录被编成名为《C生通信》的遗稿集，其中详细记录了他与教授会方面的交涉、在大学门口抗争时的状况，以及日常生活中的事迹等。据此可知，工学部的教授会之所以判定他的论文不合格，直接原因不是研究内容，而是他在学位论文后记中的谢词。

C在后记中写道："科学·技术"的滥用会引发原子弹、氢弹等"公害"，造成环境破坏，并导致人的异化。如今想来，自然科学专业的研究者把"公害""环境污染"等问题纳入视野，是出于一种极为普遍且真挚的研究态度，但在当时，校方并不这样认为。

C在学校大门口的静坐抗议持续了半年。期间多次与教授会进行交涉，最后，其论文审查结果被推翻，重新判定为合格。当时大阪市立大学的校长出具声明表示，"近来，我们没能好好聆听学生的意见，也没能意识到工学部教授会的倾向，对此会进行反省"。至此，C赢得了学位。

五个月后，他服毒自杀。

C的一位朋友咬着嘴唇说道："我们这些朋友都为C能赢回权利而生出由衷的喜悦。但这个学位却是C憎恨的学会利用其权威授予的。C为其中的矛盾而烦恼，周围却没有任何人意识到。"

C究竟遇到了什么事,真相并不明朗,但《C生通信》里记录了如下内容:"我明白,是我把自己逼进了死胡同。我还有一条不会告诉任何人的后路,就是随时喝下NaCN(氰化钠)离开人世。"

C果真这样做了。

父与子

C服毒自杀的那天夜里,几位友人看到讣闻,立刻赶去了他寄住的地方。

其中一位朋友说:"大概是在尸检结束后吧,C盖着被子静静睡着了。"C的枕边连一炷香都没有。另一位朋友表示:"当晚,我们为他守了夜。"第二天,C的遗体被送往故乡的丹波筱山村;第三天,遗体被土葬前,先在家中举行了葬礼。

C的朋友们、把C逼至绝境的教授们,都来到仪式现场。据说教授还发表了追悼词,说"为自己的愚昧表示衷心的歉意"。

C年仅二十八岁就意外离世,他的父母又是如何面对这件事的呢?虽然二位没有留下亲口证词,但在《C

生通信》的《父亲的信》中,也能找到一点蛛丝马迹。C 的父亲非常反对儿子对大学发起的抗争,让他"不要有过激行为"。

在此之前,父子间的矛盾与其他家庭无甚差异,之后,父亲在寄给 C 的信里写了如下内容:

> 近来天候不好,你要多多保重。我会全力支持你……(教授会的)自我辩护显而易见。放心吧,再坚持一下就好……给你汇了两万日元。另外,一定要保证健康。

由此可见,在最后关头,父亲还是对儿子的行为表达了信任。

C 的父亲是位教师,早期给人代课,据说 C 小时候,父亲就常把贫困家庭的孩子或孤儿养在自家,供他们上学。C 对父亲的这些行为印象深刻,还写道,"(我)继承了父亲的生活方式"。

C 的母亲从前也是位老师。C 在信里写,"每当遇到什么事,父亲和母亲就会各自寄来意思相近的信件,这已成了惯例",他对此也颇感无奈。C 的母亲还是位歌人,后来写过一些怀念儿子的和歌:

真可怜啊

这是我单方面的想法

死去的你

却连眉都不皱一下

故乡丹波筱山的丧葬会场,大概也是这个家庭克服心理纠葛、重拾彼此信任的重逢之地。

下葬之墓

C 的遗体从自家出殡,由送葬队伍带往下葬的墓地。C 的朋友之一,中山一郎先生也参加了此次送葬,但他对当时的情形"只留下了断片式的记忆"。

他记得 C 的棺木是寝棺,遗属们穿的不是常见的白丧服,而是黑丧服。从 C 家出发,步行不过数百米就是下葬的墓地。跟多数送葬仪式一样,他们在墓地入口处为逝者进行了超度。墓穴就在眼前。

中山先生虽然记不太清楚超度时的情形,但对墓地记忆犹新,时隔五十年左右还没忘。

他表示:"下葬的地方是一大片草场,相当于三个网球场的面积,别说石塔,连卒塔婆都看不到一块,诡异得很，让人怀疑那究竟是不是墓地。"

凝神细看，状似平整的草地上有许多凹凸不平的区域。想来，凹下去的地方是遗体下葬多年、与棺木一同腐朽而导致坍塌的墓地；凸起来的地方则是最近下葬的新坟。

这也意味着，这片草地是专门用来埋葬遗体的坟场。

见证挖墓

根据中山先生的证言，我在那片平整的草地深处，遇到了正在挖寝棺墓穴的人，墓穴旁站着四个挖墓的村民。

奇怪的是，遗属和参加葬礼的人都已离去，并不在场。我的调查结果显示，关于遗属是否需要见证下葬过程，各地有不同的习俗。

京都府南山城村跟丹波筱山一样，遗属无须见证下葬。奈良市的大保町与柳生之乡，则是要留下一位近亲在场，其他遗属可以先行离开。滋贺县犬上郡甲良町金屋村的土葬，是让参与葬礼的外人离开，而遗属、近亲则悉数留下。

我询问了当地的老人,得知下葬流程如下。把坐棺放入墓穴后,挖墓的领头人告诉遗属"可以填土了",遗属就以此为信号,开始一人一铲地填埋。之后,领头人视情况告诉遗属们"差不多行了",哪怕遗属还在依依不舍地合掌惜别,领头人也会自顾自地把土填上。

柳田国男在《丧葬习俗词汇》的"破土"一项中写道:

> 在土佐幡多郡十川村,下葬时要由继承人(丧主)切断(捆棺材的)绳索、带头往墓穴四角填土。

该书的"土产石"一项记录了如下内容:

> 在肥前五岛的下葬仪式中,把棺木放入墓穴后,要让参与葬礼的村民朝棺材扔小石子。这叫土产石。

可见,当地的下葬仪式不仅需要遗属参与,参与葬礼的村民们也得在场。由此可知,是否需要见证土葬的整个过程,全国各地的习俗都不太一样。

回归乡土

C在20世纪70年代大学纷争爆发之际选择了死亡,被葬在故乡丹波筱山那片平坦的坟场。根据村里的下葬风俗,遗属和参与葬礼的村民都要离场,只有中山先生和C的另外两位朋友留了下来,据说他们当时心情压抑,满脑子都想着"要送C君最后一程",三个人也都是生来头一次参加土葬。20世纪70年代,日本的火葬率已经达到了80%。

丹波筱山的坟地,一块墓碑也没有

土葬的墓穴深约 2 米，四位挖墓人用绳子穿过横长的寝棺底部，从两边操控绳子，把棺材轻轻放入墓穴底部，再抽回绳子。据说手法熟练的挖墓人做起这件事，就像修建房屋的建筑工那般轻松自如。再往后就是大量填土，据说土块落入墓底的水坑，会发出"啪叽啪叽"的声音。这声音过了五十年还清晰地浮现在中山先生的脑海，他想忘也忘不掉。

2020 年 11 月，我走访了这片坟场。从 JR 福知山线的筱山口站出发，坐车往东北方向沿山路行驶十五分钟左右，就是丹波筱山市的东浜谷地区。虽然土葬在十年前就逐渐消失，但这片草场还跟从前一样，看不到一块墓碑，想来是被村民们小心保管着。这里不见荒芜，仿若时间静止，附近寺庙里的老太太还记得五十年前葬于此地的 C。

市民们组织的新式土葬

土葬会的成立

很多人以为日本的法律禁止土葬,其实东京、大阪等自治体的法律条例虽然划定了禁止土葬的区域,但国家制定的墓地埋葬法并未禁止土葬。必须实行火葬的对象,只有旧传染病预防法案指定的疾病患者,以及如今法律界定的感染症患者。

不过,在近半个世纪内,全国各地都修建了火葬场,火葬也随之得到推广。尤其是进入平成时代(1989年1月8日)以来,选择火葬的人数显著增加,统计数据显示,眼下日本的火葬率已经超过99.9%,居世界第一位。

经过多年调查,我也深刻意识到火葬率在急剧增长,土葬在持续走向消亡。在这种趋势下,2001年,市民团体自发成立了"土葬会",将土葬作为一种可选择的丧葬形式进行推广。土葬会的总部设立在山梨县南巨摩郡富士川町，主持工作的会长是山野井英俊先生。

当我询问山野井会长"为什么日本人认为土葬已经无法实现"时，他说："除开公营的陵园，剩下那些私营民间陵园，只要寺院或墓地管理方点头，实行土葬是完全不成问题的。此前人们认为土葬无法实现，并非源于法律的禁止，而是因为陵园管理方制定的使用规章里大都写着'本陵园仅供埋葬遗骨，恕不接受土葬'。"

分割出售土葬墓地的陵园诞生

市民团体土葬会诞生的契机，可以追溯到十多年前的20世纪90年代。

山野井会长表示："九十年代初期，有位在冈山县从事出版工作的朋友突然去世。因为朋友生前表示想被土葬，我就跟丧葬公司打听当地有没有地方可供土葬，得到的答案是没有。当时，我痛感提前确保土葬场地的重要性，有了安全的场地，才能随时实行土葬。这就是土葬会成立的契机。"

山野井先生不断寻找安全的土葬场地，出于偶然的机会，在山梨县最北端的北杜市发现了符合条件的陵园。他与管理陵园的公司进行交涉后，争取到了风之丘陵园的土葬场地。

该陵园内还有树葬的自由区，山野井先生争取到的土葬区就在它旁边。至 2001 年，山野井先生在风之丘陵园积累了一些实绩，认为是时候把当下依然能选择土葬的事广而告之，于是成立了土葬会。据说时至今日，该陵园已经受理过十来起土葬。

五年前，风之丘陵园的土葬区就已满员。彼时，山野井先生认识了曹洞宗大城寺的住持市川大了（三十八岁）先生。大城寺是北杜市以南、山梨县南阿尔卑斯市的一间禅寺。大城寺境内虽然无法土葬，但市川先生兼任住持的另一间寺院可以提供墓园。那地方也在南阿尔卑斯市，是筑山的寺院墓地，名为"普济寺天空陵园"。陵园位于山间地带的坡地，背后是仅次于富士山的日本第二高峰——北岳。

我在市川住持的带领下参观了天空陵园。园区入口处并排摆放着 30 厘米见方、水泥板做的小型骨灰堂，那是专为流浪者或孤独死去之人提供的低价骨灰堂。实行土葬的墓地，就在骨灰堂上方的坡地上。

市川住持表示："最初在普济寺开展陵园业务时，行政机构的福祉科希望我们为那些靠低保生活的人修建

山梨县南阿尔卑斯市的土葬分割出售区
"天空陵园"（视野下方为甲府盆地）

骨灰堂，于是我们在一般墓地旁划出一块自由墓区，取名为'天空陵园'。后来我认识了土葬会的人，又在陵园里划了块土葬区。我认为，土葬也可以被看作各种新型丧葬形式中的一种。"

登上天空陵园的最高处，一块宽1米、长2米大小的区域内有个坟包，坟前还有供花，想来这里近期刚举行过土葬。天空陵园的土葬区是与土葬会共同管理的，如今已经开始分割出售。具体价格是：宽1米、长2米的个人区，永久使用金额为二十万日元；2平方米的一般区,永久使用金额为三十万日元,一般区域至少可以埋葬两个人。

站在土葬区的最高点向下俯视,甲府盆地的全貌一览无遗,富士山的轮廓也浮现在盆地后方的群山之间。

做完防腐处理再土葬

2019年7月,天空陵园开始分割出售土葬区。三个月后的10月12日,陵园迎来分割出售以来的首次土葬。逝者是位住在东京、年逾八十岁的老汉。

据说老人生前并未留下遗言,但他女儿表示"想让父亲回归大地",了解到土葬会以后,她很快加入其中,在天空陵园埋葬了父亲。

土葬仪式,在老人去世一个月后举行。接触到土葬会之前,老人的女儿费了很大功夫遍寻土葬场地,却总是无功而返,其间必须妥善保存好遗体。她拜托东京的丧葬公司将其父亲的遗体做了防腐处理,为土葬之日做准备。

21世纪初,尸体防腐技术迅速在日本得到普及。遗体防腐师不仅能修复严重损毁的遗体,还能防止遗体二次感染,使之长期保存。丧葬公司的专业遗体防腐师数量也在增加。至于遗体究竟能保存多长时间，我询问了某位供职于丧葬公司的遗体防腐师，对方表示："只要做好遗体保养，尽量减少内部水分的丧失，保存一个月左右不成问题。"

当时的挖墓作业，是以山野井会长为中心，由土葬会成员一同在下葬前一天完成的。山野井会长表示："根据土葬会至今为止的经验，挖墓时间平均在两小时左右。这次因为是在新陵园举行的第一次土葬，大家担心会挖出什么意想不到的东西，就提前一天动工了。"此次挖墓作业与前面提到的土葬村落区别不大。虽然天空陵园的土质中没有坚硬的基岩，但他们还是使用了凿岩车（一种小型挖土机）。土葬区位于陡坡的斜面上，先把凿岩车开上坡面，再利用摇臂的铲子挖土，墓穴深度一般为2米。

第二天，死者的妻女带着经过防腐处理的尸体抵达土葬墓地。土葬会的四位成员已经等候多时，市川住持联系的石材商也来到现场。据说，这位石材商也是第一次参加土葬。大家从运输车上卸下装有遗体的棺木，又用担架床将其运到土葬区的墓穴旁。安置好棺木，在墓旁献上鲜花。市川住持开始诵经。诵经期间，凿岩车的摇臂吊起棺木，将其缓缓放入墓穴。山野井先生说：

"平时一般是以绑棺材的绳子做拖网,让棺材一点点落进土里,但在斜坡上进行人工操作很危险,所以使用了凿岩车。"再往后,就是把挖出的土填回墓穴,再把土层踩实,最后,在墓地上堆出坟包。

关于土葬,最令人担心的就是死者的棺材腐朽后导致墓穴坍塌。对此,山野井会长表示:"下葬之后,至少三年不能动坟。三年后才能在同一位置埋葬第二位逝者。"

天空陵园分割出售之后,第一号客户的下葬现场
(土葬会供图)

支持土葬的声音

土葬会的会员们为何会选择土葬呢?

山野井先生说:"很多会员都有着极为朴素的自然观,相信人死后会回归大地。对人生有过深入思考的人、疾病缠身的人,大都会预想自己的死亡,希望死后被土葬。"他笑道:"我们会内很少有赚了很多钱、过得一帆风顺的人和身体健康的人。这种人大都觉得自己会长命百岁,不会这么早为死亡做打算。"

天空陵园中,首位接受土葬的东京男性生前并未留下相关遗愿,是他女儿在父亲被火葬前停下来想了想,最终选择了土葬。

第二个接受土葬的,是位二十多岁的女性,她加入土葬会没多久就与世长辞。山野井会长接到了讣告,女性的父母打来电话,说"想完成女儿的遗愿",随后把遗体安葬于天空陵园。

如今,土葬会在全国范围内拥有六十多名会员,但实际埋葬在天空陵园的只有两位。令人意外的是,会员以年轻人居多,比如(上文中提到的)第二位二十多岁的女性,以及另一位在大学攻读心理学的男性。

土葬会发行的会刊《土葬的路标》中,刊登了各种各样的会员心声。

很多人表示:"虽然自己想被土葬,但死后很可能被家人送去火葬,为此感到不安。"

还有人认为:"死后火葬还是土葬,本该由个人的价值观决定,但眼下只能选择前者(火葬)的现状令人沮丧。"

对于这些心声,山野井会长表示:"我一般会告诉会员们,为了避免自己死后,家人因丧葬方式陷入慌乱、争执不休,最好提早把意愿告诉家人,让他们有个心理准备。"

想冷冻保存遗体,做成木乃伊

天空陵园的市川住持说:"经常有人把父母遗体火化之后才跑来寺院找我,问他们做得对不对。"

土葬会的某位会员住在横滨市,希望把过世的父亲土葬,于是找到住持商量。由于会员家离山梨县的天空陵园很远,市川先生通过同门的关系,向对方介绍了东京都西多摩郡的曹洞宗寺院。

据说只要成为这家寺院的檀家,就能进行土葬。不过,眼下土葬会的成员大都不愿在寺院为逝者做死后供养,这一点与过去土葬村落的人们很不一样。

此外,还有人到土葬会咨询是否能把遗体冷冻保存、做成木乃伊再埋葬。按过去的风俗来看,这种问题简直骇人听闻。

山野井先生表示:"其实会员们并不在意宗派,无论采取什么方法,他们只想让遗体入土为安。"土葬会的宗旨是:"无论何时何地,无论人种、宗教,也无需成为寺院檀家,只要会员希望进行土葬,就会帮忙联系墓地,负责主持整个土葬仪式。"

土葬与死后供养

从上述内容可知,第一位在天空陵园接受土葬的男性,其遗属也没有为他做额外的死后供养。不过,每当市川住持前往天空陵园,总能在墓地里看到新鲜的花束。想来,死者的女儿不时会从东京过来扫墓。

某天,这位女儿打来电话,想请市川住持主持父亲的四十九日忌。市川先生答应下来,为逝者举办了服丧期满的法会。此后又应其女的要求,为逝者举行了死后百日的法会。

住持说:"如今这个时代,很少有人会做到百日忌。这话说来失礼，但我们本地的檀家都很少做百日忌，所以我当时非常吃惊。"

我采访了住持口中的这位女儿，得知她父亲的故乡在新潟，还有亲戚在本地的真宗[①]寺院任职。女儿当初本想把父亲葬在那座寺里的墓地，但那里不让土葬，后来她了解到土葬会，得知了天空陵园的存在。

百日忌法会当天，女儿抱了个牌位在胸前。她说："难得新潟的寺院为父亲起了法名（真宗的戒名），就干脆做了个牌位。"为此，市川住持又吃了一惊。

市川住持说："我虽然是和尚，但寺里并没有规定遗属悼念逝者必须举行佛教法会。不过，遇到有人提出这样的要求，说想以佛教形式追悼逝者，我还是很开心的。"

四十九日忌与百日忌之后，2020年8月，这位女儿又为过世的父亲举行了新盆仪式。天空陵园的入口处竖起了刻有逝者法名的塔婆，住持站在前面诵经。

此前，是否进行死后供养都由土葬会的会员们自行决定，但最近，会长好像开始计划在墓地放置墓石。据说要在天空陵园的墓地深处放一块高约70厘米、西洋风格的平板状墓石。

---

① 真宗：指净土真宗。

神道陵园的土葬

土葬会曾经接过一桩委托，一位神官的遗属希望为他举行神葬祭的土葬。

土葬会接下这份工作，将其埋葬在山梨县的神道陵园。经过调查，我发现很多神道陵园已经无法举行神道的下葬仪式了。有条件举行的，只有少数祖上留有土葬陵园的神社，以及天皇家的墓地。除去这二者，其他神道专用陵园都默认只接受火葬遗体。

正如奈良县十津川村的"土葬·神葬祭"所展现的，神道比起佛教更适合土葬。诸多神官都希望死后能被葬在山中他界的奥津城中。但现实是，神官也跟多数日本人一样，死后大都会被火葬。山梨县的神道陵园虽然可以土葬，但陵园管理者几乎没有土葬的意识，据说此前也没人来这里土葬。

山野井会长听说了神官遗属的愿望后，以土葬会的名义与神道陵园建立了合作。在神道陵园举行下葬仪式当天，会长提前到达陵园做准备，确保挖掘机能顺利搬进墓地，并确认墓地土质的状态适合挖墓。由于陵园内有台阶，挖掘机不好搬运，最后是用起重机将其吊起，运进石墙上的墓地。

墓穴挖好后，遗属及亲人纷纷聚集过来。棺内的逝者头朝北、缓缓沉入墓穴。墓前设有神式祭坛，整块墓地四周有榊树枝、注连绳和纸币帛。雅乐奏响，神葬祭在庄严的气氛中落幕。最后是往墓穴里填土，在坟包上插墓碑。

土葬会经手的神式葬礼　　（土葬会供图）

土葬会把这次土葬的经过发表在网络主页上，东京某个神社的权祢宜①读完后，亲自拜访了山野井先生。

---

① 权祢宜：神职的一种，位于祢宜之下，是最普通的职级。

市民们组织的新式土葬

据说那位权祢宜惊讶万分地感叹："现如今，日本的神官连选择土葬的权力都没有，你们却为死者举行了神式的葬礼。"

埋葬石棺

土葬会正在通过网络主页向全国征集可以实行土葬的墓地、陵园、寺院，并谋求合作。除了传统的土葬村落，他们还发现了新的土葬地区，经手了以前少有人想过的埋葬方式。

例如土葬会成立之初，有人提出死后想被放入石棺。经过调查，兵库县就有一座陵园是用石棺埋葬死者的。但包含永久使用费在内，金额为一千五百万日元。有两位会员强烈希望找到价格更低的石棺葬场地。两人分别是男医生和普通女性。于是，土葬会来到最初合作的山梨县北杜市风之丘陵园，在土葬区挖了墓穴，把石棺埋入其中。据说花了五百万日元左右。这两位会员尚在人世，据说等到他们去世，土葬会就会挖开墓穴，打开石棺盖，把他们的遗骸放入其中。

如果石棺葬源自古代王朝的墓制，尚且可以理解，但传统的土葬村落好像从没见过这种下葬方式。山野井会长说:"他们大概是希望死后遗体也能被完好保存,这才想在石棺里长眠吧。"渴望长眠于石棺里的人虽然不多,但随着尸体防腐技术的普及,遗属获得了一定的考虑时间,不用着急安排火化,而有工夫仔细考虑什么样的下葬方式更适合死者。

茨城县常总市的寺庙陵园负责人也曾拜访土葬会,双方达成了土葬区的合作。陵园方面负责提供墓地,最后划出两个片区:一个提供给因信仰只能选择土葬的伊斯兰教徒,一个提供给其他想要土葬的人。其中,埋葬一般人的土葬墓地,在两年前下葬了一具从山口县开车运来的遗体。

除此之外,北海道也有两个接受土葬的陵园与土葬会达成了合作关系。虽然土葬会的会员大多居住在东京、神奈川,但据说关西的会员也在与日俱增。为了响应西日本会员的要求,山野井会长已经开始以近畿为中心,寻找新的土葬地点。

伊斯兰教徒与土葬

像日本这种火葬普及率接近 100% 的国家会出现一个问题:有人出于信仰的原因不愿火葬,希望被土葬,但政府并未回应他们的愿望。这些人包括神社的神官、火葬普及率不高的欧洲基督徒，尤其是在日本长住的伊斯兰教徒，为他们寻找下葬墓地极为困难。

土葬会也接待过前来咨询的伊斯兰教徒。他们告诉对方，"最近国内修了一些伊斯兰教徒专用的墓地"，但对方说"完全不够用，真让人发愁"。细细问来，原来伊斯兰教有个规矩，每个墓穴只能埋葬一具尸体。换句话说，在已经埋了尸体的地方，就不能再埋别的尸体。日本的做法是，过了一定周期就可以挖开坟地，在上面埋入新的死者。这样可以解决国土面积狭窄导致的墓地不足问题。

山野井会长表示，在盛行土葬的欧洲基督教国家，在已下葬的棺木上隔一层厚木板，就能再叠放另一具棺木。据说"这种方法可以循环利用墓地，永远不会出现土葬墓地不足的问题"。山野井先生用上述例子回答了那位伊斯兰教徒的询问，对方依然是一副难以接受的神情。

撒钱的风俗

山野井会长在十多年前读过一篇新闻报道，题为《复活土葬，构建新的生死观》，作者是宗教学者山折哲雄先生。此后，他一直以这篇报道内容为指南，用实际行动推动着土葬的复兴。报道中说，进入高速增长期①以来，人们用"告别"一词取代了"葬送"，葬礼也不再被视为送死者前往另一个世界的仪式。

"如今的葬礼，只要人一死就付之一炬，也不管遗属是否整理好了情绪。参加过土葬的人都明白，这是个直视死亡、送别死者的绝佳机会。就算只是为了重新认识在日本流传千年的主流丧葬形式，我也希望国家能把确保土葬用地一事纳入国策。"山野井先生如是说。

天空陵园的市川住持表示，他小时候参与送葬的经历，是他致力于推动土葬的原点。市川先生的老家是南阿尔卑斯市的某个村子，早在昭和四十年代（1965—1974），当地的土葬风俗就已消失。但也有人在家中举行完葬礼、把遗体带去火化之后，再次从自家或寺院出发，组成送葬队伍，把遗骨送去墓地埋葬。据说那是平成三年（1991）的事。

当时的送葬仪式中，最令孩子们印象深刻的是撒钱风俗。在竹编花篮葬具里放几包零钱，只要摇动花篮，零钱就会洒落地面，孩子们见了就会成群结队跑来争抢。

---

① 高速增长期：日本经济高速增长期，一般指20世纪50年代中期至石油危机爆发的1973年左右。

市川先生笑着说："当时的死者是寺院檀家的总代表，家境富裕，连纸包里的零钱都是百元硬币。我放学回来邀朋友去抢撒落的零钱，主持葬礼的父亲见了，猛地敲我的头，还说'身为寺院的孩子，不该贪恋钱财'。"

用花篮撒钱这种奇俗，似乎也流传于奈良县高野山脚下的村子。翻开柳田国男的《丧葬习俗词汇》，会发现许多"土葬·送葬"的风俗在全国各地都有留存。相隔遥远的山梨与奈良的村落都有花篮撒钱的风俗，或许是因为送葬的民俗习惯在各地都有传播，这样一想，不禁令人兴味盎然。

市川住持表示："希望今后的土葬不再只是埋完就结束，也能与死后供养、凭吊等风俗结合起来。"

贰 露天火葬之村的证言

露天火葬的大师

头发烧起来了

与传统葬礼将遗体埋入土中的土葬相对应,在野外露天焚烧尸体,被称为"露天火葬"。

露天火葬不像现在,能在设施完备的火葬场以重油①、煤油或瓦斯焚烧,而是如字面意思,在野外的露天场地用柴或炭进行火化。过去的露天火葬跟土葬一样,多使用纵长较长的坐棺。为死者入殓时,要使其呈盘坐或正坐姿势。

负责野外焚烧的执行者,也有技术好坏之分。以下是奈良县山间地带的村子里,一位精通野外焚烧的大师的证词。

---

① 重油:又叫燃料油,是从原油中提取汽油、煤油、柴油后剩下的重质油。特点是分子量大、黏度高。

野外焚烧时，首先要在地面铺一层炭，再把新鲜的圆木堆成井字，把坐棺放上木堆。点燃炭层之后，火势很快就会变大。眨眼间，木制坐棺宛如刨花一般燃烧剥落，棺内呈盘坐姿势的遗体也随之坦露。由于遗体内含有水分，不易燃烧，最先烧着的是头发。那场景真叫人毕生难忘。

这证词简直令人无法呼吸。据这位大师说，露天火葬之所以使用新鲜木头作燃料，是为了调整火势，以免温度骤升。

当头发燃烧殆尽、火势转移到遗体之时，大师会把一张浸透水的草席盖在遗体身上。草席与新鲜木材都是为了减小火势，避免高温把骨头烤碎。换句话说，盖上湿草席，可以让遗体"闷烧"，从而最大程度地保存尸骨形态，便于取出遗骨。这也是大师长年来摸索出的经验。

当湿草席逐渐发黑、碳化，火势也差不多把尸体的皮肉烧开、蔓延到坦露的脊骨。为了保持脊骨稳定，负责火葬的四位大师会以木棒支撑遗体。过不了多久，脊骨就会笔直往下崩落，而不会有碎裂的风险。

大师表示："轻轻揭开碳化的草席，里面是一具形态完好、可以清晰辨认出各部位的白骨。"

闻言，我沉默良久。

如今仍在使用的村营火葬场

上面提到的露天焚烧场景，来自奈良县吉野郡黑泷村的中辻匡辰先生（八十岁）的讲述。他是当时负责火葬的四人之一，也是整个团队的中心，被当地人尊为火葬大师。中辻先生出生于昭和十五年（1940），见证了黑泷村五十多年来的丧葬变迁。

黑泷村位于吉野山之南，靠近奈良县的中央地带，被称为"奈良县的肚脐眼"。过去，村里人大都从事林业，以培养吉野杉为主，如今，村子人口日益稀少。黑泷村的赤泷地区有个村营的火葬场。准确说来，应该叫赤泷地区的区营火葬场。

昭和五十三年（1978），村里的慈善家捐钱修建了这个火葬场，如今，赤泷地区仍有四十来户居民在使用它。不久前，全区居民都还在使用这个火葬场，近来在殡仪馆举行葬礼的人越来越多，但使用区营火葬场的仍有半数左右。这里并未雇佣任何专业的火葬业者，所有火葬都由村民们自行操作。

在中辻先生的带领下，我走访了赤泷地区的火葬场。它位于贯通村子的黑泷川上游，木造建筑的正门处写有"等觉门"几个字。"等觉"是佛教用语，指觉醒、开悟之境。

火葬场里有一台重油锅炉式的火葬炉。有扇门可以绕到锅炉背后。走进门内，会看到一扇小窗，透过窗能看到重油罐和火葬炉内部，窗口旁有个点火键。凑近那扇宽约10厘米的小窗口，就能看到火葬炉的内部。

黑泷村赤泷地区的区营火葬场，火葬炉只有一座，由村民们自行操作

中辻先生说，这种锅炉不仅能点燃重油，还能调节温度。

> 这种锅炉跟城里的火葬场一样，也能调节火力大小。火力越大，焚烧时间就越短，但火力过大，炉内风压会把遗骨吹散，所以火化的时候要

130　最后的奈良

隔着小窗留意炉内情况，前半段时间用大火烧，等遗体的水分差不多烧干，就把火力调小。

火化时间约为两小时。虽然调大火力就能烧得更快，但村民们不会这么干。他们会像从前的露天火葬那样，通过调节温度，让遗体"缓慢燃烧"。这样才能尽可能将其烧成完整的白骨。一般而言，遗体都是头朝内进入火葬炉。由于喷火的喷枪在锅炉深处，如果火力过猛，风压会把重要的头盖骨和喉结吹跑。

为了避免出现上述情况，村民会慎重地调节火力大小。

焚尸者

黑泷村赤泷地区火葬场的工作，并不是由熟悉火葬的村民负责，而是全区居民轮番当值的。

中辻先生说："就算家里没有男人，女人也可以做。"因为采取轮流制，必然有不擅长火化的人被迫上岗。当轮到这类人当值，遇到点火键出问题或是需要调整锅炉火力的情况，就没法儿处理。这种情况下，他们会在葬礼当天紧急联络中辻先生。中辻先生曾两次担任赤泷地区的区长，他笑着表示："因为这个，大家都叫我葬礼区长。"

轮流当值的火葬负责人，也被称为焚尸者①。在日文汉字里，焚尸工写作"隐坊"，指专门从事挖墓、露天火葬等丧葬职业的人。历史上，焚尸工有时被视为贱民，有时又因其工作沟通圣俗两界，被神化为独一无二的宗教人士。轮流制的存在，使得"火葬负责人"这一身份被平等地安置在每个村民身上，人们怀着复杂的情感称其为焚尸者。

水上勉的戏曲《释迦内柩歌》里，也写到了埋葬尸体、负责火葬的隐坊工作。故事的主人公藤子说："死人的油脂特别厚，容易粘在炉子里，要是放着不管，时间一长，就跟蒙了层黑牛皮似的，所以每烧两三具尸体都要打扫一遍炉灶。"

中辻先生也表示，打扫火葬炉的时候，会发现放棺材的底座与炉子间的缝隙粘了很多尸体油脂。他说："虽然我们的火葬场每火化一具尸体都要清扫炉子，但还是无法避免粘上尸体油脂。好在就算放着不管，下次火化时，火力也能熔化这些油脂。"听说赤泷地区的火

---

① 焚尸工读作ナンボ，带有歧视意味，当地人的称呼是ナンボさん，さん是一种礼貌称谓，一般结合句意译为先生/女士等。为了区别于"焚尸工"，故译作焚尸者。

葬场一年最多只会用到一两次，使用频率远不及水上勉戏曲作品里的火葬场。或许是因此，炉内附着的尸体油脂才不成其为问题吧。

虽然赤泷地区的焚尸者由居民轮流担任，但由于该称呼带有歧视意味，现在已更名为"会场负责人"。

遗属负责火葬后的清扫

黑泷村赤泷地区的火葬场，虽然是由全区居民轮流担任火葬负责人，但火化时的点火操作、使用后的火葬炉清理，都是由丧主、遗属负责的。

如果村里有人去世，担任丧主的人要先去火葬场确认重油罐的油量。要是储油量不够，就得向会计报告。

火化一具遗体需要两斗罐（每斗罐18升）重油。账房人员负责联系汽油站，让他们准备足量的重油运到火葬场的锅炉室。

火化结束后，又按同样的流程把空掉的重油罐加满。

一般而言，火化所需的重油都由丧主负责购买，用完后还要加满。

火化完毕，遗属还要负责清扫锅炉。

中辻先生表示,"遗属要先聚在火葬炉前拣骨,等炉内冷却得差不多了,就一起把炉子打扫干净"。

如此想来,这座修建于四十多年前的火葬场得以运转至今,且从未出过大的故障,也是多亏了每位村民尽职尽责的维护。

丧主按下点火键

火化时,由丧主负责点火。亲手按下点火键,把父母的遗体付之一炬,对任何人都不是件容易的事。

很多人不想按点火键,但中辻先生果断表示:"每个人早晚都会躺进去,等着被火化。这是我们村自古以来的习俗。作为丧主按下点火键、轮流担任火葬负责人,都不是容易的事,正因如此,才更不能任性。我总是严肃地告诉居民们,唯有这件事马虎不得。"

这是我第二次探访黑泷村的中辻先生。第一次是在2012年,本次则是2020年。

第一次来的时候,当地还会定期开办火葬讲习会,为村民讲解轮流担任火葬负责人必须掌握的技术。讲习会的主办方也会联系那些离乡进城的年轻人。

黑泷村有对老夫妇曾对移居奈良市的儿子说,"要开火葬讲习会了，你回来一趟"，儿子果然就请了带薪假回来。中辻先生说："这家的儿子大概也明白，将来总有一天要麻烦村里人帮忙。"

2020年，我第二次到访黑泷村时，讲习会已取消，因为主办方认为村里人的技术已经达到了一定的水平。据说，中辻先生也培养了三四个能接手他工作的徒弟。

净土真宗的送葬仪式

令人诧异的是，黑泷村赤泷地区的居民在把棺材运往火葬场时，还保留着过去的送葬习俗。赤泷地区的居民分为两派，一派信仰净土真宗，一派信仰净土宗。宗派不同，送葬时携带的丧葬道具与送葬队伍的阵容也有差异。这里，我们主要介绍净土真宗的送葬仪式。

如今，在自家办葬礼的人逐渐减少，大多数家庭都会选择附近的净土真宗寺院。在寺院正殿内搭祭坛，举行仪式，送葬队列也从寺院的正殿出发。

送葬队伍的顺序如下：首先是村营的小型灵车，丧主手捧遗像坐在副驾，车子配合后面村民的步伐缓慢行进；走在灵车之后的是区内长老，手持裹有白纸的竹杖，据说这是给死者过三途川用的；接下来是捧竹筒的人，筒里插着一对樒花，这是葬礼或佛事中常见的常绿植物；再往后，则是写有"南无阿弥陀佛"的六面白旗。

比起前面介绍的土葬村落的送葬，当地的队伍显得十分简素。连主要葬具之一，写有"诸行无常"的四面白幡也没有。送别死者时不可或缺的手制香炉与烛台、四花，则已提前送到火葬场。

净土真宗的追悼方式，俗称"门徒无知"①。真宗的葬礼特征之一就是极力剔除迷信要素，送葬队伍也因此简化到了极致。队伍到达墓地后，也没有一般村落必然会有的三匝风俗——围绕棺台转三圈。我调查了近畿一带，发现只有信奉真宗的村落没有三匝仪式。

如今，棺材大都是用灵车运输，但过去有段时期，使用坐棺时，会把棺桶放入大名笼轿型的舆车，前后各有一人抬棺。据说那是昭和二十年代（1945—1954）即战争结束后不久的事。真宗的送葬仪式除了排除迷信要素，对其他方面倒比较宽容。让死者乘上大名笼轿型舆车，类似一种死后"位极人臣"的表演，村里一度很流行。

2012年，我走访黑泷村时，听中辻先生说，他把

---

① 门徒无知：門徒もの知らず。原本是其他宗派揶揄净土真宗的说法，因为真宗信徒只信奉阿弥陀佛，对佛教其他神佛毫不关心，也不了解、不遵守相应的风俗礼仪。

送葬队伍随棺步行至区营火葬场的仪式开销，与殡仪馆举行会馆葬的费用做了个对比。从结果来看，虽然各家亲戚数量对出资多寡有一定影响，但大体而言，在村里举行葬礼，合计只需一百二十万日元左右；而在殡仪馆举行会馆葬，只是祭坛开销就差不多达到了这个金额，各种经费加起来更是超过了三百万日元。于是，赤泷地区的村民们商定，今后也尽量继续在村里举行葬礼。

八年过去，村里人口日益减少，举办会馆葬的人数却日益增多。近年来，会馆葬与家族葬的案例增多，价格也比从前大幅下降，但根据大家的商议结果，仍有半数村民选择为故人送葬、在村里的火葬场火化遗体。

拣喉结

赤泷地区的火葬负责人，要在火化结束后赶到遗属家中，告知他们"已经烧完了"。接到通知的遗属会立即赶赴火葬场，在火葬炉前拣骨。

中辻先生说："从骨灰中翻找喉结最费工夫。"城里的火葬场通常会派员工分拣遗骨，同时对遗属进行相关说明，赤泷地区也不例外，会由当天当值的火葬负责人进行相应的解说。如今的火葬都用寝棺，逝者能以平躺的姿势化为白骨，分拣遗骨也比较容易，但对不熟悉火葬的人来说，拣骨还是很麻烦的。

中辻先生表示："家里有人在其他城市火化时，我仔细观察了火葬场员工拣骨时的动作，之后再跟村里的火葬同仁讨论，慢慢就掌握了拣骨方法。看得多了，越发觉得喉结像阿弥陀佛盘坐的模样①。"

自从中辻先生掌握了拣喉结的诀窍，很多人评价："只要找他来烧，很快就能找到喉结。"

白骨经文

拣骨时，要使用大小两个骨坛。小的那个放喉结，称作本骨；大的那个按顺序从腿骨装到头盖骨。两个骨坛都是村民用竹条编的手工制品。

拣骨结束后，遗属要步行到寺庙。寺庙的僧人为遗骨诵经时，会念诵莲如上人的白骨经文：

朝为红颜，暮成白骨。

---

① 日文中的喉结写作"喉仏"，仏即佛。

亲眼见证了火葬的遗属们也跟着唱和，陪伴遗体时间越长的人，念诵白骨经文时的感触就越深。

诵经完毕，装有本骨的小骨坛会被放进京都的大谷本庙，那是净土真宗的始祖亲鸾的遗骨长眠之处。大骨坛则会葬在黑泷村的参拜墓地——分葬墓中。分葬墓的说法，想来是从分拣遗骨的行为演变而来的。村里每家每户在山里都有分葬墓，死后遗骨也能长眠于家乡。骨坛里放不下的剩余残骨，会被丢进火葬场背后的汽油桶。这里又称"灰冢"，灰是指骨灰。

葬礼结束后直到第四十九日，遗属每周都要去一趟寺庙，请住持为逝者诵经。如果住持不在，遗属们就自行诵经。听闻黑泷村有许多笃信净土真宗的门徒，随口就能背诵《佛说阿弥陀经》《正信偈》《亲鸾和赞》等经文。之后还要做一周年忌、三回忌的法事，到七回忌的时候，差不多就服丧期满。可见在供养方面，净土真宗的仪式也比较简素。

砖房里的露天火葬

五十多年来，中辻先生见证了黑泷村赤泷地区的火葬变迁，让我们根据他的讲述做一次回顾。

据说昭和二十年代，中辻先生上小学的时候，村里人流行在野外进行露天火葬。

在野外，火化坐棺往往给人留下难忘的印象。在火焰的包围中，盘腿而坐的遗体从脊骨开始摇晃着崩落。有些人见此情形，会觉得遗体在动。不止黑泷村，其他实行露天火葬的村子里也有人说，遗体就像在跳舞一样。黑泷村有位上了年纪的男性说："我小时候觉得恐怖，从来不敢去看晚上的火葬。"

进入昭和三十年代，野外露天火葬也发生了巨大的变化。人们盖起了耐火的小砖房，开始在房子里进行火葬。这种接近露天火葬的小房子被称为"火屋"。中辻先生说，这种砖砌的火屋内部有砖砌的炉灶。把炭装入灶膛，灶上自下而上按顺序摆放铁网、竹席，再往上是坐棺。火屋里有扇门，可供火葬负责人进出。

火屋不再使用新鲜木材作燃料，也无须在遗体上盖湿草席来调节火势与温度。"砖砌的火屋只需烧炭就能火化遗体，火势不会过大，也就不会把遗骨吹飞，就算不用新鲜木材和湿草席，也能缓慢而彻底地燃烧。"中辻先生说道。

这一来，拣骨也方便许多，不像从前那么费工夫了。砖砌的火屋还有个崭新的特点，就是在坐棺下铺了张铁网。铁网的孔隙小,连碎裂的白骨片也不会下漏。这一来,白骨不会混在炭渣里,找喉结也容易多了。"简单说来,就像是在烧红的炭上用铁网烤年糕。"中辻先生如是说。

地区经营的锅炉式火葬场出现

昭和三十年代出现的砖砌火屋,在当时也算得上划时代的火葬场。不止赤泷地区,黑泷村的其他地区也迅速采用了这种方法,火屋成为各个村子的火葬主流。在火葬场的变迁中,另一个巨大的变化,就是砖砌火屋转变为以重油为燃料的锅炉式火葬场。昭和五十三年(1978),赤泷地区修建了锅炉式火葬场。

其间,中辻先生的生活也发生了翻天覆地的变化。中学毕业就进入大阪铁工所上班的他,在哥哥的劝说下回到家乡,开了家运输吉野杉的汽运公司。之后,他第二次到大阪求职,又第二次归乡,在父母的介绍下成了黑泷村的校车司机。这以后,他才在村里定居下来。

中辻先生参与过几次砖砌火屋的火葬,在他三十八岁那年,砖砌火葬场被推倒,新的锅炉式火葬场开始建造。不巧的是,在这段时间里,赤泷地区又有人去世了。就是这段没有火葬场的空白时期,让传统的露天火葬得以复活。

中辻先生多年来一直参与和关注赤泷地区的火葬,还熟练掌握了火葬技巧,很自然地被指定为此次火葬的负责人,主持了一次昭和二十年代风格的露天火葬。这章开头那生动的火葬场景,就源自他对当时的宝贵记忆。

温暖又洁净的尸骨

据说昭和三四十年代,黑泷村的葬礼是从白天开始的。担任主持人的和尚先在逝者家中为其诵经,之后组织送葬队伍前往火葬场,下午两点左右点火焚烧。若采用露天火葬或是砖砌火葬场,需要四五个小时烧完。不同的死者,焚烧时间也不尽相同,有时会烧到深夜,但平均算下来,傍晚六七点基本可以结束。

火葬负责人确认遗体已经彻底燃烧至白骨后,就要到遗属家中通知。遗属们此时还没吃饭,但已摆好食台虚席相待。因为村民们都当过火葬负责人,所以明白这份工作有多不容易。

半个世纪以来,中辻先生一直关注着黑泷村的火葬,据说他担任火葬负责人期间,曾在拣骨时把温热的遗骨拿在手里，展示给孩子们看。在场有大人皱起眉头，但他觉得，这种朴实的方式最能直观地告诉孩子们，何谓死亡。

"大火焚烧后的白骨没有细菌，什么都没有。直接用手摸也很干净。在我看来，世上再没有比它更洁净的东西了。"中让先生说。

被铭刻的历代火葬负责人姓名

赤泷地区的火葬场入口，有个小屋可供轮流担任火葬负责人的村民休息。

走进小屋，有三面墙上都挂着木板，这些木板曾是过去的砖砌火屋的内壁。木板上密密麻麻写满了火葬日期、火葬执行人的名字。每次火葬结束后，当天的负责人都要用油性笔或毛笔写下纪念性的文字。

例如，"故○○（逝者的名字） 七十七岁 昭和五十七年九月十六日 阴天 今天天气不好，会场负责人（火葬负责人）有些担忧"，等等。

木板上还有位男实习生的名字。后面有行字应该是他写的："被领导和副手（即担任火葬负责人的前辈）灌酒，还被欺负了一顿。"下面还有位女实习生的名字。

木板上刻有历代火葬负责人的姓名

有一行写着"昭和五十三年九月～十一月　墓地完工　一般捐赠"。墓地完工，说的应该是昭和五十三年九月到十一月，花费两个月时间修建的锅炉式火葬场顺利完工。一般捐赠，意为由慈善家捐钱修建。下面一块木板上写有"故〇〇（七十九岁）昭和五十三年十一月二十八日（一号）"。意为，这是锅炉式火葬场值得纪念的第一号顾客。

某段写有"故〇〇　昭和五十三年九月三十日"的文字，对应的火葬负责人是中辻先生。从日期推算，应该是在锅炉式火葬场建成之前的空白期,即那场时隔二十年的露天火葬之后写下的吧。

中辻先生的名字最近一次出现是在平成二十八年(2016)。"故○○　八十三岁"之后是一行潦草的字迹:"……下次就该轮到我。"

露天火葬的终结

生活改善运动①间接消灭了露天火葬

在全国范围内,露天火葬消失于何时呢?一般社团法人火葬研(火葬研究协会)的武田至会长认为,露天火葬在昭和三十五年(1960)左右就已消失。

新潟县自古以来盛行火葬,武田至会长对当地的露天火葬做了详细的调查。根据这份调查报告可知,日本最早实行火葬是在弥生时代②,证据是新潟县西蒲原郡黑埼村(现新潟市西区黑埼地区)的遗骨调查中发现了焚后人骨。根据遗骨状态推测,焚烧时的温度在七八

---

① 生活改善运动:大正至昭和初期,为了让国民生活的衣食住等各方面得到合理化改善,政府设立"生活改善同盟会"作为文部省外设机构,负责相关社会事业的发展。20世纪30年代初期以前,生活改善同盟会主要提倡消费节约、道德健全化等,1933年11月,该同盟会改组为"生活改善中央会",开始把运动重点放在农村地区。农村的传统冠婚葬祭等习俗也受其波及,走向衰亡。
② 弥生时代:日本考古学上的时代划分,时间从公元前300年到公元250年左右。

百摄氏度以上，由此可见，弥生时代已经出现了火葬。

另外，针对江户时代的遗迹调查，也在骨灰坛、墓穴等地发现了火葬后的人骨。

明治六年（1873），太政官布告宣布全面禁止火葬，两年后的明治八年（1875），火葬禁令被撤除。新潟县的火葬禁令也随之解除，此后，火葬在当地迅速普及开来。明治三十五年（1902），新潟县的火葬率达到60%，统计数据表明，大正四年（1915），日本全国的火葬率约为36%（火葬研根据统计年报等制作），可见，新潟县的火葬率比其他县高出不少。

在火葬设施方面，都市大多把火葬场视为必备设施，郡部①则以露天火葬设施为主。报告书显示，西蒲原郡的露天火葬率尤其高。武田氏在报告中形容露天火葬场的火葬炉"是种没有屋顶的简易炉灶，分为混凝土制、石造、耐火砖砌等种类"。在没有屋顶的露天处举行火葬、使用砖砌火葬炉等方式，让人联想到奈良县黑泷村的露天火葬。

此外，前往火葬场的途中也有送葬队伍。从武田氏的报告中，可以窥见昭和初期送葬队伍的模样："葬列以无常钟为首。圆棺上覆以雁盖，手拉白色善之网的逝

---

① 郡部：郡是日本都道府县的下级区划之一，包括町和村。

者亲友照习俗走在其后。"圆棺是圆桶形的坐棺，雁盖是棺桶的盖子。善之网在前文奈良市田原地区的送葬部分也有提及，是从运输棺桶的舆车上牵出的白布条。

不过，在全国范围内得到普及的露天火葬，又在昭和三十五年（1960）左右迅速消失。新潟县西蒲原郡的火葬村落也在青年团、佛教妇女会等团体的要求下简化了送葬队伍，与此同时，露天火葬的设施也逐渐荒废。

武田氏认为："在冠婚葬祭方面，随着生活改善运动势头渐盛，露天火葬也走向了灭亡。"平成二年（1990），西蒲原郡内的露天火葬设施被清除，郡内所有露天火葬设施也在记录上完全消失。

烧焦的人脑

前面已经说到，土葬数量虽然在平成年代急剧减少，部分地区仍将其延续至今。与之相比，露天火葬为何那么早就消亡了呢？

理由之一，是露天火葬的残酷。举例而言，我在富山县某个村子进行调查采访时，听说当地人为死者入殓时，要用绳子将遗体五花大绑，还要把炭塞进死者的肠道，因为火葬时肠子最难烧。

一位老婆婆从小看着这种风俗长大,死前留下遗言,"我死后绝不要露天火葬",最后,她的遗体被送到设施完善的町内火葬场焚化。据说以此为契机,同村再也没人进行露天火葬了。

这个村子的火葬负责人也由村民轮流担任,被称为"三昧①太郎"。三昧太郎原本是流传在富山县、石川县的妖怪之名,据说火葬场焚烧的尸体达到千具以上,死灵就会聚化为人形。把露天火葬负责人称为三昧太郎,就起源于这个传说。

在村里当过三昧太郎的老人表示:"听说以前还有人把死者的脑子烧焦了吃。"采访当时,我只觉半信半疑,但昭和七年(1932)梶井基次郎发表的小说《悠闲的患者》(收录于《柠檬》新潮文库)中,就出现了烧焦人脑的情节。故事里,主人公的母亲说这是治疗肺病的特效药,劝他吃掉,后面还有一句:

烧焦的人脑能治此病,你随身带着可以救人,遇到同样的病人,就分些给他。

露天火葬早早消失还有个原因,就是火葬时冒出的

---

① 三昧:三昧场的简称,坟地、火葬场的意思。

烟有恶臭。刚才提到的富山县某村就有一位男士说，"念小学的时候，放学回家的路上遇到有人在露天火葬，那味道简直难闻死了"。

平成十五年（2003）前，大阪市生野区有个名叫"鹤桥斋场"的民营火葬场，位于日本最大的韩国城里，这里生活着许多在日韩国人①。作家梁石日的《魂归处》（光文社文库）中，有这样一段话：

> 这个火葬场年代久远，无异于重要的文化遗产，腐朽的墙壁也显得古色苍然。晴天里，死者的灵魂会飞上天空，但雨天和阴天只能爬在地面，散发出浓重的胶臭味。

鹤桥斋场虽然不是露天火葬场，但由于没有安装净化空气的复燃处理设备，烟囱里总会冒出恶臭的烟雾。

名著《火葬场》（浅香胜辅、八木泽壮一著，大明堂）巨细无遗地从火葬场的建筑史讲到民俗学，书中对鹤桥斋场的描述如下：

> 在民居与町内工厂密集的街市区正中，有

---

① 此处的在日韩国人应该包含了在日朝鲜人。

个砖砌的旧烟囱正咕咚咕咚地往外冒烟。

不过,书中又写道:

> 然而,附近的居民都很理解,说"那地方(火葬场)很早以前就有了"……所以该火葬场没引起任何纠纷,"与街市良好共存着"。

鹤桥斋场创建于大正十五年(1926),废止于平成十二年(2000)。

恒河的露天火葬

下面让我们来看看海外的露天火葬。

印度的印度教信众,至今依然在恒河边举行露天火葬。日本建筑学会的火葬场设施小委员会编辑了一本《凭吊建筑——作为终点空间的火葬场》(鹿岛出版会),里面提到印度北部的瓦拉纳西是印度教的圣地,当地有种建筑叫"迎接死亡馆",如果医生宣告病人时日无多,病人可以在亲属的陪伴下,在馆内度过人生最后的时光。

人死之后,要用布裹起来放在柴堆上,再加柴火化。这种火葬与日本的露天火葬有何不同？

火葬研的武田氏认为：

> 印度的露天火葬要消耗大量柴火。日本人一般会把湿草席盖在遗体上，花几个小时慢慢焚烧，但印度是把五百公斤柴火全部点燃，用大火一口气烧掉，所以只需一个小时左右就能烧完。相较而言，日本的露天火葬用柴量少，可以节约燃料。

日本的露天火葬是用少量柴火缓慢燃烧，不仅节约燃料，遗骨也不至于化为齑粉。由此可见，为了留下完整的白骨，日本人在火葬上费了多少心思。与之相对，印度教徒并不重视敛骨。

火葬结束后，在大火中化为灰烬的骨灰立刻会被撒入恒河，顺水流走。《凭吊建筑》里提到：

> （印度的）火葬费用并不固定。遗属会按经济能力购入一定量的柴火……没钱的人买不了足量的柴火，只能在火葬途中把燃烧的遗体推入恒河。

更为贫穷的人无法火葬,只好偷偷把遗体送入恒河。

亚洲的露天火葬情况

火葬研发行的机关杂志《火葬研究》中,有篇《从世界各地的火葬反观日本的火葬》报道了亚洲各地的露天火葬情况。

文中提到,尼泊尔的首都加德满都,有七个以柴火为燃料的火葬场。其中有个火葬场会用巴格玛蒂河①的河水为死者净身,之后把遗体平放在搭好的柴堆上,盖上稻草,点火焚烧。火葬要花数个小时,烧完后的骨灰直接撒进河里。印度教徒相信灵魂轮回说,所以并不看重遗骨,据说也没有专门的墓地殓放遗骨。

同样还是在尼泊尔,佛教徒的露天火葬与印度教徒稍有不同。他们也会把柴火搭成井字形的柴堆,让遗体平躺其上,但为了不让遗体掉落,火葬过程中,会有人不时抬高火堆。佛教徒不会把骨灰撒入河里,而是把烧剩的骨灰回收。也有人在骨灰里加水揉搓塑形,用以建造佛像,摆在寺院。

---

① 巴格玛蒂河:尼泊尔加德满都谷地的河流,最终汇入恒河支流,被誉为尼泊尔的圣河,也是尼泊尔的印度教徒进行露天火葬的场所。

露天火葬的终结

据说泰国至今还有露天火葬。其特点是用柴火搭成泰式建筑，把遗体安置其中，与"建筑"一同点燃。为了给 2016 年去世的前泰王普密蓬举行葬礼，曼谷王宫前的广场上建起一座高约 50 米的泰式建筑，这是泰王死后花费一年时间建造的。这栋巨大的建筑模拟了须弥山，而在古代印度的世界观里，须弥山是屹立于世界中心的圣山。

参加了前泰王火葬仪式的武田氏说，灵柩从王宫出殡后，即被送入这栋建筑，先在室内深处的火葬炉前焚烧建筑的"迷你版"模型，这就是所谓的露天火葬仪式，之后再用后面的火葬炉焚化遗体。由此看来，泰国包括王室在内，至今仍保留着露天火葬的习俗。火葬之后，翌日进行敛骨。他们不用骨灰坛，而是将其装进塑料袋或塑料容器带走。据说，泰国人普遍不修墓。

合并了佛教与民间泛灵信仰的萨满教徒，虽然没有露天火葬的相关记载，但据说在火葬场火化遗体后，很少人会敛骨。他们并不看重遗骨，也不会修墓。

信奉儒教的韩国虽然厌恶火葬，仍以土葬为主，但也有针对佛教僧人实行的露天火葬。2002 年，韩国势力最盛的佛教寺院曹溪宗就举行了一次露天火葬。据说送葬队伍一直行进到寺里的火葬点，把遗体放在莲花形的火葬台上，再由一群僧人同时点火。

从亚洲各国的露天火葬情况可知，很多国家跟日本一样，遗属、宾客会在火葬现场为死者哀悼。此外，亚洲很多国家都会在火葬后敛骨。不过，印度教徒认为肉体只是灵魂的容器，在印度教徒为主的国家，一般没有敛骨的习俗，很多地方也不修墓。这点跟日本很不一样。日本人不仅看重遗体，甚至认为火葬后的遗骨里仍有逝者的灵魂残留。可以说，正是这种灵肉一元的思考方式，孕育出了重视遗骨的文化。

世界第一的火葬大国

从世界各国的火葬率来看，欧美基督教国家因长期信仰死后复活，故以土葬为主流，火葬率较低。英国火葬协会在2014年发布的数据表明，法国的火葬率为35%，西班牙为47%。信仰新教的国家中，以英格兰教会为国教的英国火葬率出人意料地高达75%，美国则是47%。

与之相对，日本的火葬率在20世纪70年代就超过了80%，如今更是高达99.9%，是当之无愧的世界第一。为何日本的火葬率如此之高？与相邻的韩国做个比较，会发现一个有趣的现象。据说1994年，韩国的火葬率约为20%。同一时期，日本的火葬率已超过90%。二者差异如此巨大，最为烦恼的是在日韩国人群体。

我有位男性朋友是第三代在日韩国人，昭和三十一年（1956），他祖父去世后，在大阪市生野区的鹤桥斋场进行了火葬，遗骨存放在日本的寺庙。顺带一提，当时日本的火葬率是57%（源自卫生年报等），正好是火葬率逐年迅速上升的时期。这位朋友的父亲是第二代在日韩国人，20世纪80年代中期，他①遵照其父遗愿，回到父亲的故乡济州岛修墓。

> 死后想回到故乡，即使实现不了，也要让遗骨回到故乡。那个时期，鹤桥斋场火化了数万、数十万的在日韩国人。

这是《日本猪饲野②物语》（上田正昭监修，猪饲野历史与文化研讨会编，批评社）中的内容。

然而，这些韩国人的火葬状态在2000年发生了极大的转变。韩国修改了"关于丧葬的法律"，并在全国各自治体内积极推广火葬及敛骨，使其成为公民的义

---

① 此处指朋友的父亲，第二代在日韩国人。
② 猪饲野：地名，横跨大阪府大阪市东成区、生野区，含平野川旧河道右岸一带。

务。韩国的火葬率由此迅速上升。2005年,韩国的火葬率达到53%,首次超过了土葬率。2015年,韩国保健福祉部发表的数据表明,国内火葬率已经突破80%。

那位第三代在日韩国人朋友告诉我:

> 祖父或许是想被土葬的。让祖父回归故土也是我父亲这个第二代在日韩国人的悲愿。但我们这代人已经不在乎土葬与否了。

韩国的火葬率急速上升,是因为法律把火葬归为国民的义务,但日本并非如此。我国的法律并未规定大家必须火葬,而是生活改善运动提倡停止土葬与露天火葬。只是因为这个,露天火葬的数量就迅速减少。同样成为生活改善运动对象的土葬数量也逐渐减少,如今已经走向灭亡。这就像新冠病毒感染期间,国家制定不带惩罚措施的应对方案、呼吁全民居家自肃一样,对迫于同调压力[1]的日本人而言,可谓相当奏效。

---

[1] 同调压力:指少数意见的持有者迫于压力而默默服从多数人的意见,常见于职场、团体或地区共同体中。

战时、战后的露天火葬

行走于鸟边野的负棺女性

> 战后没多久,我在鸟边野的火灾废墟处看到一位背着棺桶的女性。

这话出自一位年近九十的女性民俗学者之口,她当时还是个十岁出头的少女。这位女性原本是相扑习俗的研究者,也是佛教民俗学者五来重的门生,同时还热心于土葬习俗的采访调查。本书中刊载的珍贵土葬照片中,有几张就是她亲自拍摄的。2020 年春,她去世前不久,把这些照片赠送给了我。

背着棺桶的女性究竟要去往何处?很长一段时间,这问题一直盘旋在我脑中。她是要把棺桶里的遗体葬在鸟边野的坟地，抑或是背去鸟边野的山上火化？为了寻找线索，我在京都历史上的坟地鸟边野一带走了走。

鸟边野的入口，位于京都市东山区鸭川上的松原桥。松原桥就是传说中弁庆①与牛若丸②决斗的"京都五条大桥"。从松原桥往东，沿松原通③走两三百米就是西福寺，这里立着名为"六道路口"的石碑。六道是指"地狱、饿鬼、畜生、修罗、人、天"这六道，路口意为六道分岔点，也就是黄泉入口。从六道路口往南，就是以空也④像闻名的六波罗蜜寺，这里过去叫"骷髅町"。空也被誉为"市圣"，时常一边念佛一边徘徊于洛中⑤市井。

自松原通再往东，就是六道珍皇寺，那里也有块六道路口的石碑。传说很久以前，有个男人夜夜现身于珍皇寺，从寺院内庭的井口前往冥界。男人名叫小野篁⑥，时常经由井口往返阎魔殿，是阎魔王的第二冥

---

① 弁庆：平安末期、镰仓初期的僧人。早先为修行者，后追随源义经，成为传说中的勇武之士。又称"武藏坊弁庆"。
② 牛若丸：源义经的幼名。平安末期、镰仓初期的武将。1180年响应其兄源赖朝而起兵，1184年讨伐源义仲，在坛浦等地击退平家，后与赖朝对立，逃回藤原秀衡身边，却遭其子袭击，最后在衣川馆自尽。
③ 通即路的意思，松原通即松原路。
④ 空也：平安中期的僧人，天台宗空也派始祖。
⑤ 洛中：指京都市内。
⑥ 小野篁：平安前期的学者、歌人、汉诗人。性格直爽、言行坦率，人称"野宰相""野相公"。

战时、战后的露天火葬

官。这个奇妙的故事在《今昔物语集》① 等各类史料中都有记录。

京都·鸟边野,珍皇寺里的六道路口石碑(左)、亲鸾被火葬的荼毗所②遗迹(右上)、大谷本庙的石塔群(右下)

　　从珍皇寺往东,穿过东山通,就到山边了。此处距离直通清水寺的清水坂不远。往南即是大谷本庙。据说净土真宗的开山祖师、亲鸾的遗骨就长眠于此。从大谷

---

① 《今昔物语集》:日本平安后期的故事集。作者不详,分为天竺(印度)、震旦(中国)、本朝(日本)三部,共三十一卷。
② 荼毗所:佛教对火葬场的称呼。

160　　最后的奈良

本庙沿横道走下山谷，有一块茶毗所的石碑，这里就是亲鸾被火葬的地方。从清水坂到大谷本庙一带，就是过去的坟场。现在人们提到鸟边野，大都也是指这片区域。战后不久出现的那位背着棺桶的女性，应该也是要来这里吧。

不过，根据《史料·京都的历史 10　东山区》（京都市编，平凡社）一书可知，过去的鸟边野范围更广，从大谷本庙南边的修道学区（东山区马町一带），一直延伸到东山三十六峰之一的阿弥陀峰。

第二次世界大战期间，旧学区的修道町是京都市内屈指可数的受灾地区。昭和二十年（1945）1月16日，美军空袭了这一带，导致大量死伤者出现。《口口相传的京都战争 2　京都空袭》（久津间保治著，鸭川出版）中提到，空袭当晚就有三十五人死亡，"装满遗体的货车奔向火葬场"。

这个火葬场，应该就是阿弥陀峰附近的"花山火葬场"。早在明治以前，京都市的火葬场就已经有所发展了。进入明治时代，净土真宗大谷派与本愿寺派分别开辟了各自的花山茶毗所；昭和初期，两个相邻的茶毗所又被让渡给京都市，成了市营的花山火葬场。花山火葬场解体之后，于昭和五十六年（1981）改名为"京

战时、战后的露天火葬

都市中央斎场",一直运营至今。到今天,京都市民仍然把去这个火葬场火化称为"进山"。

生于京都市南区某偏僻乡村的我,也曾在祖父母及父母去世时,在这里为他们举行火葬。

战后不久,背负棺桶的女性独自行走在被空袭烧毁的修道町,想来是要把家人的遗体带去阿弥陀峰的火葬场火化。

焚烧父母遗体的火葬记录

比起空袭相对较少的京都市,大阪几乎整个城市都曾化作焦土,火葬场也人满为患,不得不采取露天火葬,此事有相关记录可查。

《大阪大空袭》(大阪大空袭经历分享会编,大和书房)一书中,有这样的记录:

> 当天无法举行葬礼,在钟纺暂住一晚,因为火葬场不给烧,只好第二天去广场,等警防团的士兵们挖出一条防空壕沟似的细长洞穴……往里浇油焚烧,拣骨之后,于正午归家。

除了露天火葬，还有在寺院废墟里"埋葬五位空袭遇难者"的例子。昭和二十三年（1948），市政府终于挖出这些遗体，"用几口大白木箱装进高大的货车后厢驶离寺庙"。

记录了富山市大空袭的《八月二日，火焰烧红天际——焚烧母亲遗体的孩子们》（奥田史郎、中山伊佐男著）一书中，也有关于孩子与舅舅一同焚烧母亲与妹妹遗体的文章。

  母亲身体焦黑、沾满泥泞，舅舅抬起她的肩膀，让我扶住母亲的膝盖。这一瞬间，我犹豫了。舅舅立刻破口大骂："你居然嫌你母亲脏吗！"语气特别凶。舅舅当时四十五岁，平时待人接物都很和蔼，此前也从未训过我。

另一位失去母亲的少年写道：

  我们从附近的废墟里捡回一块烧弯的薄铁皮。在上面堆柴，烧掉了母亲的遗体。遗体周围也放了柴，从上面浇石油后点火。火很难点着，我几次把点燃的报纸条塞进柴堆，终于烧起来了。

被迫采取露天火葬的情况，不只出现在战时。事实上，平成七年（1995）发生"阪神·淡路"大地震之后，也差点儿实行露天火葬。由于担心遗体放置过久会出现传染病，据说厚生省提出方案，"建议在兵库县的人工岛举行露天火葬"。虽然最终没有实行，但据神户、大阪地区搬运遗体的丧葬人员说，火葬场的火葬炉整日运转，已经烧不过来了。NPO（非营利组织）"日本环境斋苑协会"受厚生省委托进行调查后，认为东京这种大都市人口密集，火葬场炉数却很少，"若持续现状，恐有极大隐患"。如此这般，及时为政府敲响了警钟。

那么，这个问题是否得到解决了呢？我询问了火葬研的武田会长，他表示：

> "阪神·淡路"大地震发生之时，每座火葬炉一天运转两三回已是极限。如今的火葬炉经过改良，例如东京的民间火葬场，一天可以运转七回。运转数量增加也会导致新的问题，比如没有足够的时间让遗属敛骨，但火葬场不够的问题确实有所改善。

叁 风葬 神圣的尸体放置

风葬、土葬、火葬并存的岛屿

与论岛的风葬墓地

登上陡峭的石阶,便会进入一片太古般的森林。繁茂的亚热带草木间有个祠堂,背后是珊瑚石围绕的洞窟,洞里堆积着无数白骨。白骨晶莹剔透,仿佛完全剥离了人类的欲望,唯有几缕灵魂飘荡其上。

二十年前,我送别了一位年长的朋友。在他百日忌那天,我把遗骨放入口中的事,不知为何突然浮现在脑海。当时我真的吃掉了朋友的灵魂吗?

距今四年前的平成二十八年(2016),在毗邻冲绳的鹿儿岛县属与论岛居民竹下彻先生的带领下,我走访了当地留存至今的风葬墓地。

这个洞窟就是竹下先生一族的风葬墓地。与论岛的方言,把风葬墓地叫作"几西",发音更准确一点是

"最西"①。竹下先生的家族里，包含曾祖母在内，有数百具白骨长眠此地，据说他的曾祖母曾是冲绳的神女诺洛②。众所周知，诺洛是琉球王朝为实现祭政统一而安插在各地的巫女，其存在也是一种宗教支配的手段。

与论岛的风葬墓地，几西

风葬，就是把遗体放置在室内或庭院里，等待其自然腐烂。它先于土葬、火葬出现，是自然葬的一种。

---

① 几西（ジシ·jishi）、最西（ズィシ·zuishi）皆为方言的音译。
② 诺洛（ノロ·nolo），方言音译。

竹下先生的曾祖母死后，家人组成送葬队伍护送遗体至几西，把棺木放在祠堂前的地面。棺木要先以草席包裹，再用遮挡雨露的蒲葵纵横交错地捆起来。三年之后，待遗体彻底白骨化，要么将遗骨清洗后纳入坛中，要么原样放在洞窟里。

竹下先生说："明治初期，政府针对与论岛的风葬出台了禁令，岛民们无法接受，继续坚持到明治三十五年（1902）国家加强禁令力度，才开始转向土葬。"

《死亡礼仪——在家死亡体现的丧葬礼节·生死观》（近藤功行、小松和彦编著，Minerva书房）一书中有篇《与论岛的丧葬方式》（町健次郎著），文中提到，针对与论岛的风葬禁令发布于明治十年（1877），但明治十一年（1878）、明治十九年（1886）却爆发了大规模的传染病，纵使如此，风葬也没有消失。1886年的天花大暴发事态严重，死者成百上千，国家随之发布了风葬戒严令。

> 但据说死的人太多，没有足够人手把尸体搬去墓地，只能连续几天放在家里，等村里的搬运工来处理，要以土葬完全取代风葬并不容易。

风葬、土葬、火葬并存的岛屿

以上，引用自《与论岛的丧葬方式》。

不止与论岛，近代以后，冲绳诸岛也开始实行风葬。长期以来，南方岛屿的居民并未改变风葬的习俗，每当有人死亡，岛民们就不时前往风葬墓地。冲绳的民俗学者伊波普猷在《南岛古代葬制》（伊波普猷全集第五卷，平凡社）中写过以下内容。

> 出身于（冲绳诸岛的）粟国岛的女佣在丈夫死后一周内，每天都去墓地看望逝者容颜，亲戚们都劝她不要继续了，做到这个程度，丈夫也该满足了，但她不同意，当天就决然消失于众人面前。此后，尸体一天天发生变化，臭气日益浓烈，她却丝毫不嫌污秽和恐怖。

与论岛居民把前往风葬墓地几西称为"往来繁夏①"。前文提到的《与论岛的丧葬方式》，里面也写道：

> 也有人在逝者死后七天内，每天都往来繁

---

① 繁夏（ハンシャ·hansya），方言音译。

夏。尸体日益散发出浓烈的恶臭，只要在棺木附近咳嗽，并呼唤死者的名字、与之说话，死者的灵魂就会有所感应，减轻臭气。

与论岛的圣地

说起来，禁令颁发了二十多年，与论岛的风葬为何没有消失呢？竹下先生面色严肃地说："（死者）又不是小猫小狗，埋进土里太对不起死去的父母了。在本地人看来，这么做会遭报应。"

说实话，我对这个答案十分吃惊。看来，至少在风葬转向土葬的明治时期，与论岛居民仍然认为风葬远比土葬更加自然、正确。据说明治三十五年（1902）强行禁止风葬的命令出台后，直到后来的大正、昭和时期，与论岛的风葬也没有完全消失。昭和三十年代还保留着风葬之一的树上葬。

关于树上葬，《本朝变态葬礼史》［收录于《挑战禁忌的民俗学》（中山太郎著，河出书房新社）］中的记录是"把灵柩高高悬挂在树上"，"从前巫女死后，会将尸体纳入棺木、挂在树上，历经三年的风吹日晒"。《火葬研究》里刊登的论文《与论岛的埋葬·火葬情况考》（宇屋贵著，公益社葬祭研究所）也写道："在人迹罕至的岩滩找棵树，系上绳子，把棺木吊起来。"

就算风葬真的消失，本地人拜祭风葬墓地几西的习俗也不会中断。《与论岛的丧葬方式》提到，昭和四十年代初期，还有人在旧历三月二十七或二十九日拿着一合[①]装的酒瓶到几西举办酒宴。竹下先生的家族至今还会在旧历三月二十七日忌拜几西。风葬墓地整体保存完好，如今依然遍布于与论岛海岸与内陆洞穴各地。

"几西是我们的圣地。"竹下先生如是说。

洗　骨

以1902年出台强行禁止风葬的法令为界，与论岛开始推广土葬。竹下家的几西最后放置的遗体，是当过冲绳神女诺洛的曾祖母，其后，竹下先生的祖父母、父母去世，遗骨都被葬在岛上东北部、面朝寺崎海岸的墓地。

墓地面积有一张榻榻米大小，上面竖了排珊瑚石做

---

① 一合：计量单位，一合为180毫升。

的石塔墓，旁边还有块新做的黑色石塔墓。黑色石塔下就是纳骨用的墓室。打开墓室，能看到好些瓮，自竹下先生的祖父母往后，所有人的遗骨都存放在单独的瓮中。

距今十年前的平成二十二年（2010），竹下家在这个海岸墓地为竹下先生的母亲举行了洗骨仪式。洗骨，就是在土葬数年后挖开墓穴，为白骨化的遗骨改葬。这是以奄美群岛为中心的琉球文化圈特有的凭吊风俗。

据竹下先生说，他们举行洗骨仪式也经过了一番商议。母亲去世前不久，竹下先生就问过她"（死后）希望怎么办"，母亲说"不想被烧掉"。与论岛当时虽已修建了火葬场，但母亲还是希望被土葬。平成十八年（2006），九十七岁的她离开人世，家人遵照她的遗愿，将其葬在寺崎海岸的坟地里。

洗骨一般在人死后五年到七回忌之间进行，竹下先生家则是在其母死后第四年进行的。当时的情形被NHK（日本放送协会）记录下来，制作成影片《与论岛的洗骨仪式》，洗骨这件家族秘事也由此公之于世。据说竹下先生当初不无纠结，兄弟姊妹也表示反对，但最后还是同意将其作为一种神圣严肃的仪式来拍摄。

洗骨仪式从前夜祭开始。当晚，包括回乡的岛民在内，家族共有三十八人聚集在竹下先生家中。院子里生长着传说中树精栖息的茂密榕树，树下立有表彰祖父与父亲的石碑。

竹下先生作为一族之长，在平房一楼的神龛前以讷讷的口吻诵读：

> 抱歉此前一直将您埋在土里。今天就为您清洗干净。

与论岛人把负责主持丧葬祭祀之人称为"祭祀人"。祭祀人竹下先生要分别在举行前夜祭与洗骨仪式的墓地，以通俗易懂的语言诵读祭拜先祖的祝词。

第二天早上五点，太阳还没出来，族人就要赶赴墓地。母亲的坟地里放有屋形的龛盖，这种屋形也是与论岛的特色，据说故人死后会住在里面。拿掉龛盖之后，大家再一同挖开墓地。

祭祀人竹下先生不无顾虑："我们洗骨的时间比规定早一年，所以担心遗体究竟有没有彻底白骨化。"依照当地习俗，如果遗体没有彻底白骨化，意味着死者对这个世界还有心愿未了，没能完全转化为家族的守护神。这种情况下，遗属要对遗体怒喝："你还有什么心愿未了吗？赶快化为白骨！"同时在棺内放入一把太刀，再把遗骨埋回墓地。万一出现这种情况，会成为家族的耻辱。

坟地里放置的屋形龛盖，据说是故人死后的居所

竹下先生母亲的遗骨，已经完全白骨化了。话虽如此，遗骨颜色也非纯白，而是隐隐带黑的米色。比起风葬墓地几西中的那种晶莹剔透的白骨，显得更新、更接近活人。

洗骨开始了，首先要取出头盖骨，包在白毛巾里。

之后按顺序取出所有骨片,用海水仔细清洗干净。接着从脚骨开始装进瓮中。孙辈已经念小学了,洗骨仪式前夜,孩子们直说"可怕",母亲问"你们害怕吗",孩子们默默点头,之后低声抽泣起来。

苏阿泰(总责任人)的职责

与论岛距鹿儿岛市约有六百公里,是鹿儿岛县奄美群岛中最南端的离岛,离冲绳本岛很近。从那霸市坐飞机上岛,大约需要三十分钟。这里约有五千人口,是一座珊瑚礁形成的美丽小岛。

最初登上这座小岛,是因为我从一位僧人口中听说,与论岛上并存着风葬、土葬、火葬三种完全不同的丧葬风俗。

辞别竹下先生之后,我拜访了当地土生土长的竹盛窪先生(六十七岁)。竹先生的家族也有自家的风葬墓地几西,依岛上风俗慎重供养着先祖们的白骨。昭和五十二年(1977),竹先生的祖母去世,家属为她举行了送葬仪式,并留下宝贵的记录。

顺带一提,与论岛的葬礼不是佛式,而是神式。竹先生家也没有佛坛,而是以神龛为中心祭祀先祖。

从记录上可知，前来吊唁的岛民们送来了白布、毛巾、旗子等作贡品。白布和毛巾可在土葬数年后的洗骨仪式上擦拭白骨，或包裹遗骨纳入骨瓮。由此可以推测，与论岛的洗骨改葬是葬礼后必经的步骤。供品中的旗子是送葬时使用的，一般为五面、七面、九面，数量越多，越彰显家族的财力与地位。

葬礼中最重要的职位，就是分配角色的总责任人。与论岛方言称其为"苏阿泰[①]"。苏阿泰要给参与送葬的岛民们分配角色，安排整个葬礼流程，一般由葬仪委员长即村中长老担任，与之相对，葬礼中的祭祀核心是前面提到的祭祀人。

祭祀人由丧家代表（丧主）担任，如果丧主辞任，可以找神社的神官代任。

守夜当晚，苏阿泰要分派的主要角色是奉公人、挖墓填土人、劝酒人、记账人等。奉公人，就是负责抬棺的人。挖墓填土人，就是负责挖墓的人，这个职位一般需要三个人。三人中有一个不仅要挖墓，还要在埋葬死者时吟诵祝词。

如果祭祀人由丧主担任，大多由丧主负责念祝词，但遇到神官代任祭祀人的情况时，因为神官一般不会随

[①] 苏阿泰（スーアタイ·suuatai），方言音译。

行到墓地，所以需要有人代替吟诵。

劝酒人负责给葬礼上帮忙的岛民们劝酒。这个角色必须擅长应酬，所以多由当过苏阿泰的长者担任。

竹先生表示："我一直谨记祖父的遗言，没菜可以，没酒不行。"记账人要在送葬的旗子上写下逝者的姓名。竹先生年轻时多次担任这个角色，据他说："记账人相当受人尊重，想来是由于从前的岛民都不大会写字。"

竹先生印象最深的，是担任町会议员的叔叔去世前留下遗言，希望由他来担任自己葬礼上苏阿泰的助手——仪式流程负责人。

> 虽然叔叔指名于我，是因为我是竹家本家的长男兼继承人，但我当时年纪还轻，担心自己没法胜任，所以紧张得不行。仪式流程负责人听来威风，实际就是个跑腿儿的。但我也意识到，作为家族负责人，我必须牢记规矩、好好表现才行。

敬重祖先、尊敬长辈的观念，至今仍然顽强扎根于与论岛民的心中。

与论岛的送葬

与论岛的土葬，一直持续到 21 世纪初。《与论岛志》里残存着过去送葬时的角色分配记录。下面我将以此为基础，结合数位土葬经历者的记忆，试着重现与论岛神式葬礼中的送葬场面。

走在队伍最前面的，是手持两根竹扫帚的人。跟至今依然举行神葬祭的奈良县十津川村一样，这里的扫帚也象征着净化沿途与墓地。接下来是持灯笼的人。灯笼以细竹编成，上下两个圆骨架组成圆柱形，外层覆以白色和纸。两人一对儿，并排而行。再往后是捧遗像的人，接下来是捧白木台的人，台子上放有牌位，牌位旁是凭吊用的四花，牌位前插着线香。上述两人身后各有一个撑蝙蝠伞的人，目的是避免遗像、牌位被太阳晒到。在神式葬礼中，死者被太阳晒到是一种禁忌。

再往后就是棺木。与论岛一般使用寝棺，但长度只有 1.5 米，比一般的寝棺短。要把成年人的遗体放进去有些困难。所以守夜当晚，要稍微弯折死者的膝盖。熟悉与论岛传统风俗的老人说："为了不让弯折的膝盖再伸直，遗属会轮流抱住死者膝盖，直到天亮。"

寝棺上会放一个屋形的木造物，名为"龛盖"。因为是在龛（棺）上加的盖子，所以有此称呼。到达墓地后，要把龛盖放在坟地上，充当神式祭祀仪式的祭坛。葬礼之后，龛盖仍要留在坟地，这一点前面已经提过。

坟地里的换气竹

土葬流程中负责挖墓填土的人，要在出殡前两三个小时出发，先于送葬队伍到达墓地，挖好墓穴，等待队伍到达。与论岛的土质多为沙地，比起其他地方，在挖墓这件事上比较轻松。

当遗属与岛民们都到达墓地后，就要在墓穴前举行入土前的仪式了。挖墓填土人之一，或是担任祭祀人的丧主，要先对土地神和祖先行礼，接着把酒洒在地面。接着，祭祀人要用晓畅的语言吟诵祝词，告诉逝者："这就是你的长眠之所。"

下葬时，要在棺木里垂直插入一根竹筒，作为棺木与地上的换气道。

据说这是为了供逝者换气，或是供逝者的魂魄出来"游玩"。翻开《丧葬习俗词汇》，里面竟也有同样的内容，"换气竹"这一词条下写着：

常陆新治郡（茨城县）举办葬礼时有一习俗，要准备两根长六尺以上的青竹，掏空竹节，让一人拿着走在送葬队伍中。遗体下葬后，要把青竹插在坟堆中央。这叫换气竹……想来是死者灵魂之通道。

沙质的坟地上放有龛盖，旁边摆有牌位、神酒和各类供品，包括烟草、死者生前爱用的凉鞋、靴子等。

土葬的烦恼

与论岛居民举行土葬时，有个岛上独有的烦恼，这与下葬后的洗骨风俗有关。根据《与论岛的埋葬·火葬情况考》（收录于《火葬研究》）所说，与论岛的坟地面积平均只有二间四方[①]，如果一个家族连续出现三个以上的死者，坟地就不够用了。

无论哪个土葬村落，都忌讳在挖墓时挖出从前埋下的尸骨。在与论岛，从埋葬死者直到洗骨为止，中间几年都会避免挖墓。即使出现第二位死者，也不会埋入同

---

① 二间四方：约合3.6平方米。

风葬、土葬、火葬并存的岛屿

一块墓地。如果非要埋在同个地方，也须等到前一人洗骨结束。二间四方的墓地，挤一挤确实能埋下两个人。但若出现第三位死者，就实在不够用了。

这种情况下，与论岛居民只能祈祷"不要出现第三位死者"，并在第二位死者的棺中放入替身稻草人偶，这也成了一种风俗。据说，从前还有杀鸡封箱并放在棺材旁一同埋葬的例子。被杀的鸡作为第三位死者的替身，也是一种活祭品。

如果还是出现了第三位死者，又该怎么办呢？这种情况下，挖墓人会在葬礼当天一大早赶去墓地，趁没人的时候偷偷挖墓，取出里面的遗骨。之后又跟没事儿人似的参加葬礼。

将洗骨后的遗骨"火葬"

与论岛首座火葬场修建于平成十五年（2003）。火葬场的建成瞬间改变了岛上的丧葬形势。回顾与论岛的丧葬风俗，可以知道，明治时期是风葬的时代，风葬后四到五年要洗骨，然后把遗骨存放在家族的风葬墓地几西。进入大正·昭和时期，则是在下葬数年后挖开墓地进行洗骨，再把遗骨存放在家族的石塔墓中。

与论岛的土葬一直持续到 21 世纪初，与日本列岛上的聚落相比，时间长得多。但自从修了火葬场，事态就大不一样了。火葬可以省略前期诸多烦琐步骤，火化后直接把遗骨纳入石塔墓。这一来，先前有大半人选择的土葬逐渐受到冷落，火葬数量迅速增多。

根据公益社葬祭研究所发表的《与论岛火葬率的变迁》调查可知，平成九年（1997），与论岛占大半的还是土葬，火葬率几乎为零，但到了平成十五年（2003），土葬率下降到 35% 左右，火葬率超过土葬率，达到了 55%。日本的丧葬形态自天皇死后的风葬开始，历经漫长时光才逐渐变更为土葬，再到火葬。而与论岛丧葬事态的巨变犹如一盘快进播放的胶片，把两千年来的历史压缩成短短百余年。

与论岛修建火葬场之前，想要火葬的人必须坐飞机或船运送遗体，前往冲永良部岛的火葬场火化。而岛内建起火葬场之后，土葬数量也开始急剧减少。与论岛修建火葬场，还给岛内带来另一个与洗骨改葬风俗有关的变化。公益社的调查数据显示，占比 55% 的火葬人数中，多数是为洗骨而挖出的遗骨。这也有其原因。据与论岛的居民说，为洗骨改葬而挖出遗骨时，会遇到遗体没有彻底白骨化、骨头各处残留着肉片的情况。从前，岛民们都是用竹刮刀将其削掉,如今,人们会在挖出遗骨后直接送去火葬场,将其彻底烧成白骨,再纳入骨坛存放。

变化虽有,但与论岛的土葬并未完全消失。事实上,十分看重风葬墓地的竹下先生就表示,已经为自己预留了死后埋葬的墓地。他仍然希望死后"由子孙抬棺送葬,遗体埋而不烧"。

海对岸的彼世——他界之岛的追悼奇俗

三十日忌的入阁

根据与论岛的丧葬习俗，葬礼后的供养也采取神道形式。葬礼翌日举行的仪式名为"三日忌"，相当于佛教的头七。熟悉岛上丧葬祭礼的老人说，三日忌这天有出纳汇报，结束以后，遗属们会举行小范围内的简单慰劳会。三日忌之后就是十日忌，逝者的朋友、熟人都会聚在一起热闹一番。

但近年来，离开与论岛的人日益增多，为了往来方便，三日忌和十日忌也逐渐合并了。再往后就是三十日忌，相当于佛教的四十九日忌。这天，要把先前祭祀在墓地的牌位、装饰等烧掉，放在家中神龛里的牌位则要与祖灵牌位合祭。这叫"入阁"仪式。

带领我参观家族风葬墓地的竹下先生，写过几本搜集与论岛丧葬逸话的书，取名为《独胆民》①。独胆民，意为"独断"，用竹下先生的话说，"我的话完全做不得准"。但书中栩栩如生地介绍了岛上丧葬习俗的特色，彰显出生死近在身边的价值观。这本《独胆民》把举行入阁仪式的三十日忌称为"西尼其②"，西尼其就是佛教的四十九日忌。此外，书里还以佛教的"七日忌"来称呼当地每隔十天举行的祭礼。

如此看来，经历过明治时代的废佛毁释运动后，与论岛上主持葬礼的人虽然从和尚变为神官，每隔七日举行的佛式供养也变成了每隔十日举行的神式供养，但神佛两派的转换并不彻底。最终，岛上形成了以神式为基础、混杂着佛式礼仪的复杂习俗。

正月祈愿

据说与论岛居民在得知自己死期将近时，大都会回到家中，由家属看护。竹下先生说，这是因为"死在家以外的地方，在本地都被视为异常死亡。如果在医院

---

① 独胆民：原题『ドゥダンミン』，是与论岛方言，意为独断、偏见、自以为是。此处为音译。
② 西尼其（シーニチ·shiinichi），方言音译。

去世，死者的灵魂也会留在医院，不是什么好事"。

同样地，人们认为死于海难的人，灵魂也留在了海底，无法成佛。为此，与论岛民会为这些人举行镇魂祭礼。时间是正月一大早，在庆祝元旦之前进行，因此也叫"正月尼给①"。"尼给"意为祈愿。

为何要放在正月元旦这天呢？《独胆民》中解释说：

只有在这天，（海难死者）能向海底极乐净土的神灵们祈愿回到子孙身边。

与论岛人和冲绳人一样，也认为海的彼岸与海底存在极乐净土，神灵会从那里来到岛上。这种神灵来访信仰，在方言里叫作"尼来卡奈②"。

竹下家也曾为数代前死于海难的人举行正月祈愿。每年元旦早上，竹下先生都会召集分家的男性亲属齐聚家中，自己担任祭祀人念诵祝词。当天要烧三次香，烧完第三次，要出门摆花与酒作供品。不过，这个风俗如今也已在竹下家失传。

---

① 尼给（ニゲー·nigee），方言音译。
② 尼来卡奈（ニライカナイ·niraikanai），方言音译，是指存在于海的彼岸或海底的理想乡，被视为"神灵的岛屿""死后的世界"。与冲绳本土信仰息息相关。

神灵会从海的彼岸出现（尼来卡奈之岛·与论岛）

时至今日，与论岛居民还是强烈希望家人能在家中离世，所以大都选择把临终病人接回家看护。患者能在家中与世长辞，也多亏出诊医生对当地风俗的深刻共鸣。有位医生来自岛外，还把与论岛称为"魂之岛"。

冶游神濠

在前文提到的竹盛窪先生的引领下，我参观了竹氏一族的风葬墓地几西。小岛中腹部有道珊瑚石堆积而成的城墙状门框，这就是墓地入口。一棵榕树的根系密布于入口大门的上方，宛如守护神睥睨四方。

风葬墓地几西
珊瑚石堆积而成的入口，榕树根系布于上方

几西入口处的地面供奉着食物和水，后面有块空地，风葬时期，遗体会被放在这里，直至白骨化。再往里走有个狭窄的洞窟，里面堆着无数头盖骨，还有几个装白骨的瓮。旧历三月二十七日，竹先生的家族也会来这里祭拜先祖。

神濠的风葬墓（上）、洞窟中有大量白骨堆叠在一起（下）

离开几西，我又走访了小岛南部的"哈米沟①风葬墓"。哈米沟，汉字写作"神濠"。

站在与论岛的环岛路眺望，海对岸冲绳本岛之北的国头村仿佛近在咫尺，回过头往上看，不远处的高崖上就有几个神濠洞穴。

哈米沟的风葬墓，也被称为琉球王朝神女诺洛的风葬墓。据说，从冲绳本岛渡海而来的诺洛们，死后都被风葬在这个洞窟里。

登上险峻的山道，就能看到洞中无数诺洛的头盖骨。其他洞穴里还停放着诺洛的石棺。据说直到昭和初期，还有不少年轻男女群集在这个洞里玩乐，一面弹奏三味线，一面跳舞，十分热闹。这就是所谓的"冶游神濠"，传闻起源于天岩户神乐②。

冲绳的民俗学者伊波普猷在《南岛古代葬制》中写道：

> 生前的青年男女玩伴几乎每晚都带着酒菜

---

① 哈米沟（ハミゴウ・hamigou），方言音译。
② 天岩户神乐：日本神话中，掌管太阳的天照大神因受到惊吓躲进岩洞，世间陷入黑暗，各种灾祸随之而来；为了引她出来，众神在洞外又是唱歌又是祈祷，天钿女命袒胸露乳肆意舞蹈，引得大家哄然大笑，天照大神因好奇而打开岩洞，立刻被拉了出来，世间于是重返光明。据说天钿女命的舞蹈传至现代，就是天岩户神乐。此处应是指年轻男女冶游神濠时所跳的舞蹈或冶游神濠这种行为。

海对岸的彼世——他界之岛的追悼奇俗　　191

与乐器前来，挨个儿探看逝者容颜，然后尽情跳舞，以慰逝者之灵。

这段关于"冲绳·津坚岛"风葬地的记录，一直令我挂怀。真有这样的事吗？听了冶游神濠的传闻后，我终于解开疑惑，找到了问题的答案。

与论岛佛寺的作用

与论岛的佛教传播

我登上了与论岛中心的引舵之丘①。引舵之丘是与论岛诞生神话中的小丘陵。据说从前有艘船,在航行途中被珊瑚礁岩滩拦住去路,忽然间,珊瑚礁不断隆起,转眼间就形成一座岛屿,这就是与论岛的由来。眼前的甘蔗田在微风中轻晃,丘陵上种有菩提树,树下有尊合掌的释迦石佛。据说,这尊佛像是在与论机场附近的茶花海岸被发现的。

真言宗海圆寺的市来快延(七十二岁)住持说:"与论岛的丧葬形式乍看是神式,其实也暗藏许多佛教因素。"该寺建立于昭和五十五年(1980),是与论岛

---

① 引舵之丘:神话中与论岛诞生的地方。岛上方言称其为ハジピキバンタ(hajipikibanta)。

现存唯一一所佛教寺院。我们通常认为，包括冲绳本岛在内的南方诸岛并未受到太多佛教的影响。事实究竟如何，且来看看佛教在与论岛丧葬仪式中所起的作用。

市来主持说，在海圆寺建立之前，与论岛的佛教寺院可以追溯到上百年前。当时的寺院名为阿迦梨蒂拉[①]（东寺）。东寺是相对于从前的西寺（菅原神社）而言，意为东边的寺庙。"阿迦梨蒂拉"则是当地俗称。根据该寺末代住持以及岛民代代相传的说法，它是琉球王朝[②]的官寺——圆觉寺的分寺。圆觉寺是尚真王在古琉球王朝黄金时代所建的寺院，阿迦梨蒂拉作为其分寺，建立于十六世纪初期。

据《与论岛乡土史》记载，直到江户时期，与论岛岛民仍在阿迦梨蒂拉寺住持的指导下举行佛式葬礼。然而进入明治时代后，由于神佛分离令与随之而来的废佛毁释运动，阿迦梨蒂拉寺庙被废，其后，该寺也隐身于迷雾之中。

距今大约二十年前，与论岛岛民修建茶花海岸时，发现了一尊神秘的石佛。后判明石佛为释迦牟尼佛，高

[①] 阿迦梨蒂拉（アガリディラ），音译。
[②] 琉球王朝：十五世纪初期，由中山王尚氏在冲绳诸岛建立的王国。日本庆长十四年（1609）被萨摩军武力征服，至明治十二年（1879）政府设立冲绳县以前，琉球王朝一直存在。

约30厘米，佛身上刻有宝永六年（1709）的字样。它上半部分支离破碎的模样，令人想起废佛毁释的疯狂，岛民也据此想起记忆里的阿迦梨蒂拉寺。这尊石佛就是立在引舵之丘的释迦像。

神式葬？佛式葬？

在经历了明治初期的废佛毁释与明治三十五年（1902）风葬禁令的双重强制措施后，与论岛的丧葬形式可谓发生了翻天覆地的变化。虽说表面上转换成了神式葬礼，但如今岛民们的悼念仪式中，仍然混杂了不少佛教要素，例如他们把神式葬礼的三十日忌称为"四十九日忌（西尼其）"。此外，与论岛人还把三十三回忌称为"三十三宁其[①]"，并在这天举办盛大的法会。

三十三回忌，源于佛教的十三佛信仰。十三佛信仰是把诸位神佛比拟为地狱审判者，"头七"这天由不动明王审判、"五七"阎魔审判日则由地藏菩萨审判，以此类推。从头七到四十九日，分别对应七位神佛，之后的百日忌、一周年忌、三回忌、七回忌、十三回忌、三

---

① 三十三宁其（サンジュウサンニンキ·sanjyuusanninki），方言音译。

十三回忌,又分别对应六位神佛,总共十三位神佛轮流主持地狱审判。因此,岛民们十分重视人死后直到三十三回忌的追善供养。

与论岛的丧葬礼仪与佛教关系甚为紧密,从守夜的风俗也能窥见一二。据说当晚,亲属要为逝者换七次衣服。"七"也令人联想到佛式供奉。"与论岛有个传说,人死后到达另一个世界必须穿过七道门、换穿七次衣服,意味着每过一道门都要换新衣,这或许也是头七到四十九日之间,每隔七天举行一次祭礼的表现吧。"市来主持推测道。

《琉球风俗绘图》中有一幅《葬礼图》,描绘了明治时代的冲绳佛式送葬队伍的模样。画面中,走在队伍前头的人拿着四面白幡模样的白旗,往后是主持葬礼的僧人、手捧排位之人,再往后是棺木及遮在棺木上的佛式天盖。天盖在当地方言里叫"亭给①"。走在队伍末尾的是冲绳特有的民间念佛僧——诵经人,只见他一边念佛一边敲着铜钲。

市来主持望着这幅画说:"与论岛在经历废佛毁释运动以前,举行的大概就是这种佛式葬礼吧。"

---

① 亭给(ティンゲー·tingee),方言音译。

供养被抛弃的风葬白骨

市来主持于昭和二十三年（1948）年生于与论岛。当时，岛上还没有高中，他虽然进了奄美高中，但中途退学，转入东京的日比谷高中夜校，毕业后为考大学去了京都，是个长发的嬉皮青年。某天，他机缘巧合地路过真言宗的根本道场东寺，看到年轻的僧人们在客殿木板间里听课，这场景宛如从前的寺子屋①，让他深受触动。于是，他果断进入东寺经营的真言派大学种智院大学，就读期间在高野山得度，之后，因缘际会地前往真言宗醍醐派的总本山②醍醐寺修行。

但市来先生尚算俗家僧人，修行结束后没有可回的寺庙，便又去印度放浪了数年。离开日本之前，他立下誓言："如果能平安归来，就在与论岛建一所寺院。"这就是如今与论岛唯一的寺院——海圆寺。

据说檀家制度③并未在冲绳及南边诸岛扎根，海圆寺也一样没有檀家。话虽如此，市来先生却在与论岛主

---

① 寺子屋：江户时期为庶民开设的初等教育机构。由武士、僧侣、医生、神职人员任职，教授读写与珠算等。
② 总本山：统管该宗派各本山的寺院，掌管一宗的寺院。
③ 檀家制度：江户时代，幕府为了镇压基督教而强行推广的制度，规定每家每户必须成为某个寺院的檀家。

持过多次佛式葬礼。拥有家族风葬墓地的竹先生的弟弟猝然离世时，也是市来先生主持的葬礼。竹先生说："我家没有佛坛，并不代表我对佛教心存抵触。认识住持以后，听说佛教很重视供养先祖，我也对它生出了信赖。"

市来主持还有个志愿，是"把散落在岛上各处的白骨搜集起来，进行追善供养"。据说与论岛上除了供奉在各家族风葬墓地几西的遗骨，还有无数因患传染病、无法被送入风葬墓地的白骨。他计划将其搜集起来，供养在引舵之丘。

现如今，引舵之丘被命名为"亚舍祇"，成了官方口中神佛聚集游玩的圣地，境内还修起高台，内里安放着释迦如来像。佛像后是用珊瑚搭建的纳骨堂，里面也有被丢弃的白骨碎片。就算不是岛上居民，只要跟与论岛有缘，死后想与小岛融为一体，遗骨碎片也能在这里存放。

据说这里的供养仪式也是一年一度，在旧历七月十六日举行。

肆 土葬·送葬的怪谈奇谭

奇特的丧葬礼仪

踢开死枕

日本的丧葬历史从古代天皇的风葬，历经丢弃尸体的遗弃葬，花费上千年时间才变迁为土葬和火葬。其间，吊唁不再只是发生在血亲遗属之间，而逐渐发展为共同体内的人们相互合作、共同举办葬礼，以祖先崇拜为中心的丧葬习俗由此走向了成熟。

昭和八年（1933），月刊杂志《旅途与传说》[①] 发行的七月号主题为"诞生与葬礼"，俗称"葬礼号"。书中收录了全国各地乡土史家撰写的丧葬习俗报告，柳田国男以这份报告为基础，制定了全国丧葬习俗的体系，并于昭和十二年（1937）出版了集大成的丧葬事

[①] 《旅途与传说》：1928—1944年出版的月刊民俗学杂志，共一百九十三期，收录了许多民俗研究者的研究文章及采访报道。

典《丧葬习俗词汇》。"葬礼号"中收录了现如今难以想象、近似怪谈奇谭类的丧葬风俗。

接下来，就以《旅途与传说》的"葬礼号"为中心，结合战后民俗学者的报告以及我的调查，对这些奇特的"土葬·送葬"风俗做个介绍。

《葬送墓制研究集成·第二卷：送葬礼仪》中有一篇《死亡前后的咒术与礼仪》提到，隐岐国①有人去世时——

> 家人和亲戚会围在死者周围号啕大哭，用脚踢开（死枕）之后再为其净身。

踢开死者睡的枕头，这种做法在现代人看来或许难以置信，当地为何有如此奇异的风俗呢？死者的家人踢开死枕，是出于极端的恐惧，因为害怕触碰死灵栖息的尸体，才要借此行为来保护自己。

异样的风俗还不止这些。据说出殡时，死者的近亲要揭开棺盖，把饯别物放进死者身上的钱包里。这种时候，最忌讳女性的眼泪碰到尸体，丧主也会打起十二分精神保持警惕。

---

① 隐岐国：日本旧国名之一，相当于隐岐诸岛。

接下来，冷静沉着的人会赶走恸哭的女性，带着锤子与钉子钉紧棺盖，被迫止住眼泪的女人也不会心怀不满。

据说到了送葬阶段，哪怕天降大雪，她们也要赤足加入送葬队伍，跟在抬棺人身后，步行前往墓地。

出人意料的是，踢开死枕的风俗在各地都有残留。柳田国男门下的异端民俗学者中山太郎[1]发现，高知县长冈郡丰永乡（现大丰町）的葬礼有个习俗，"如果有人去世，近亲除了踢开死者的枕头，还要稍微移动死者的位置"。

这种情况下，如何处理被踢开的死枕？当地对此也有奇怪的规定。

中山发现的丧葬记录写于明治四年（1871），里面提到死枕要带去墓地，放在死者坟头，然后口念"地神大人，跟您买六尺见方的地"，并撒下四文钱。不仅要特地把死灵栖息的枕头带去墓地，还要跟墓地的神灵直接谈判、购买土地，记录中写着，"这是为了避免玷污地神"。

---

[1] 中山太郎：1876—1947年，本名中山太郎治，是与柳田国男、折口信夫活跃于同一时代的民俗学者。其研究较少采用民俗学常用的田野调查，而是从驳杂的史料文献中爬梳。作为阅读狂人，他被柳田国男评价为"试图读遍上野图书馆所有书的人"。早期拜入柳田门下，后来与南方熊楠交好。

"弔"字是搭弓的意思

异端民俗学者中山太郎认为,"弔[①]"字的由来,跟从前人们携带弓箭参加葬礼有关。实际上,各地确有葬礼上用弓的习俗残留。

前面提到的高知县,除了有踢开死枕的习俗,也会在送葬队伍里安排一个手持竹制弓箭的人。到达墓地,埋棺之前,持弓人要用弓尖挑下盖在棺材上的和服。接着,会有人把死枕放在棺盖上。再往后,持弓人要做一件奇怪的事。

趁棺木尚未完全下葬,持弓人要先于所有人回到丧家,大喊:"容我借住一下!"看家的遗属则在门内回答:"三日后会被当作人质,没法儿让你借住。"持弓人又说:"那我就把被除厄运的箭,射向东北鬼门方向!"说着便搭弓放箭,让箭飞过房顶。持弓人与看家人的对答虽是约定俗成的套路,内容也堪称奇崛,那它究竟有何含义呢?

持弓人要帮死者借宿,看家人不愿把房子借给沾染了死亡不洁的亡者,于是持弓人放箭,射向恶鬼与死灵

---
① 弔:吊的异体字。

出入的鬼门方位，意在袚除不洁——想来，这是一种祛除死亡不洁、避免生者家宅沾染污秽的严肃仪式。持弓人的动作必须一气呵成，就连热心收集怪异风俗的异端民俗学者中山也对此表示惊叹，在抄录的内容后留下一句：

此种风俗他国①罕见，应作为资料珍藏。

哭丧女的一升泪

哭丧女，是眼下很难见到的传统吊唁风俗。中山太郎在昭和六年（1931）发表的《本朝变态葬礼史》（收录于《挑战禁忌的民俗学》）中提到，"石川县江沼郡桥立村（现加贺市）的葬礼中，与死者最亲近的妇女要身披白寿衣，跟在送葬队伍中号啕大哭，这叫披寿衣"，从前还要"一边念叨各种絮语一边恸哭，如今却逐渐荒废，很少再见到"。柳田国男在《丧葬习俗词汇》中也写到了哭丧女，"送葬队伍中会安排哭丧女。

---

① 此处的"国"是地区、县或乡之意。他国即其他地方。

根据给米的分量,有一升泪、二升泪之别"。

中山太郎指出,"(哭丧女)从前由死者的近亲担任,随着世事变迁(中略)逐渐演化为雇佣半职业性质的妇人",哭丧女也走向了职业化。进一步探究,就要说到她们具体是怎么哭的。书中这样介绍道:

> 她们的哭法相当讲究,从出殡时开始,一边哭一边巧妙地絮叨死者生前的家庭琐事,尤其当逝者是新婚不久就遭遇海难的渔夫,甚至留下爱子与世长辞时,哭丧女简直字字泣血、悲切至极。

人形年糕

六年前,我母亲去世时,家人为她举行了四十九日服丧期满的法会。当时,遗属和咏歌会的老太太们都坐在摆佛坛的屋子里。

咏歌会,是信仰净土真宗的年长女性组成的团体,她们会一边摇铃,一边用哀婉的音调唱诵歌咏佛德的送葬经文。

切开笠饼，拼成模仿死者身体的人形年糕

母亲的祭坛前供有笠饼，这是一种直径三四十厘米的椭圆形年糕。诵经结束后，老住持用刀切开笠饼，分别拼成头、身体、一双手脚，模拟母亲身体的人形年糕就做好了。

老太太们唱完参拜西国三十三所观音灵场的祝祷歌，就开始吃年糕。有人说"我脑子笨，就吃头了"，有人说"我有风湿病，就拿腿了"，如此这般，热闹地交谈。见此情形，我想起《食人之神——人身供品的民俗学》（六车由实著，新曜社）这本书。书中讲述了祭礼中的人身供品与食人风俗的关系。而我眼前这群家乡老太太的身影，也与吃人的山神或日本太古的神灵重叠在一起。

柳田国男在《丧葬习俗词汇》中提出，死者近亲吃笠饼的习俗是在与死者"食别"。我的家乡虽然只是京都市某个偏僻的乡村，却在很早以前就失去了土葬习俗。话虽如此，若是要追本溯源，这里竟也妥善保存着与食人传统有关的古老丧葬风俗。

骨肉亲人与脂肪亲人

1933年刊发的《旅途与传说》的"葬礼号"中，以八重山列岛的习俗为例，介绍了食人相关的风俗。内容稍有些长，以下引用部分原文。

> 八重山把埋葬尸体叫作"塔比[①]"，参加葬礼叫"皮托康那[②]"（去吃人）或"皮托吾昆那[③]"（去送人），据说原始时代，人死后，

[①] 塔比（タビ·tabi），方言音译。
[②] 皮托康那（ピトカンナ·pitokanna），方言音译。读音近似"吃人"。
[③] 皮托吾昆那（ピトウクンナ·pitoukunna），方言音译。

亲戚们会聚在一起把死者烧掉或生吃了，后来，人们意识到这种做法很不人道，就开始吃牛、马、猪、山羊等动物的肉作为替代，从前的食人蛮风也由此得到矫正。

后文又提到了食人传统。

> 距今四百五十年前，西表岛的庆来庆田城祖纳村①有位名叫用庶②的英杰首次发现了与那国岛③。据说当时，与那国岛尚有食人风俗，用庶告诉岛民，这种行为十分残忍、非人所为，强行让他们戒除。

写下这份记录的作者也引用了冲绳民俗学家伊波普猷的《南岛古代葬制》，里面写道：

> 过去若有人死亡，亲属们会聚在一起大啖其肉，后世人虽以猪肉代替人肉，改变了这一

---

① 庆来庆田城：地名，也被用作西表岛豪族用绪的名号（庆来庆田城用绪）。祖纳：集落名。
② 用庶：西表岛豪族庆来庆田城用绪的嫡子。
③ 与那国岛：日本最西端的小岛，隶属西南诸岛八重山列岛，被称为国境之岛。

奇特的丧葬礼仪

习俗，但时至今日，依然有人把关系近的亲戚称为骨肉亲人，关系远的称为脂肪亲人。

民俗学者中山太郎在《挑战禁忌的民俗学》一书的《尸体与民俗》章节中提到，昭和初期，静冈县沼津城郊的村落，依然沿袭着火化尸体后，由遗属或亲戚啃食遗骨的风俗。

根据中山的调查可知，当时有个外乡老翁偶然撞见死者亲属在火葬场啃食遗骨，大吃一惊，对其大加责难，亲属却说，"去世的这位女性贤良淑德，可谓妇人之镜，我只是想变得跟她一样"。

饯别之水

出殡之前，亲属聚在一起对饮的酒叫"出殡酒"。据调查，遗属在出殡前以对饮形式告慰亡灵的风俗见于全国各地。不过，滋贺县长浜市川道町的村子略有不同，当死者是净土真宗信徒时，遗属与主持葬礼的僧人对饮的不是酒，而是水。

这种情况相当罕见，当地称其为"饯别之水"，至今依然沿用。三年前，我滞留这个村子期间，听好些村民讲了饯别之水的礼仪，下面对此稍作介绍。

出殡当天的早上，主持葬礼的僧人不能从玄关，而要从檐廊进屋，在遗属的带领下来到举行葬礼的房间。面对葬礼祭坛，丧主坐右侧，主持仪式的僧人坐左侧，座次没有上下之分。丧主身穿名为"三番叟"的肥大白丧服。

紧邻祭坛的丧主与僧人之间，还坐着一位担任治丧委员长的长老，他负责在两人之间做沟通。丧主与僧人之间还放了个带底座的四角方盘，盘中有装了水的酒杯、豆子和豆腐块儿等配菜。丧主与僧人就这样坐着举起水杯对饮。

接受采访的村民说："丧主是在代替死者，祈愿僧人主持的葬礼顺利完成。"

但真的只是这样吗？举起水杯对饮这个动作本身，就带有浓浓的一期一会①之感。当地的住持解释说：

> 在净土真宗的莲如上人往返北陆与大阪的时代②，许多行脚僧人没有固定所属的寺院，时常步行游走于各地。这些真宗派的行脚僧偶

---

① 一期一会：原本是茶道用语，后引申为一生中只有一次的会面。
② 此处指室町时代。当时，莲如上人以北陆为中心四处行脚布道，后在山科、大阪建立本愿寺，被称为净土真宗中兴之祖，谥号慧灯大师。

尔也会路过湖北①的村落，在当地主持葬礼，与主人举杯对饮。饯别之水就带有这样的感觉。

说来确实如此。长浜市现存的寺庙以净土真宗为多，但原本好像是天台宗更多。想来，从前在湖北地区主持葬礼的净土真宗行脚僧，很快就在天台宗的寺院定居下来。

统　铺

人死之后，家属首先要整理死者的床铺，这叫"枕返"。把遗体从卧室搬到停放遗体的储藏室，在周围竖逆向屏风，在死者枕边放枕饭、线香、花朵等，都属于"枕返"的仪式。

《丧葬习俗词典》里写到，枕返"又叫御凝坐。是种弯折死者膝盖以便入殓的做法"。本书开头在南山城村的入殓部分已经提到，如果不弯折死者的膝盖，就很难将其纳入坐棺。同样的，"换枕"（**枕直し**）意味着

---

① 湖北：琵琶湖以北。

"此时要特意（让尸体）枕北朝西"。

另外，据说赞岐三丰郡五乡村（现香川县观音寺市）不仅要整理死者的床铺，还要把死者寝室里的榻榻米全部重铺一遍，这叫"统铺"。

统铺最为奇特的一点，就是要把普通家庭和式房间里的榻榻米，像柔道场馆那样统一竖着铺。仔细想想就能明白，像柔道场馆那样竖着铺榻榻米更简单。既如此，普通家庭为何不竖铺，而要采取复杂巧妙的铺排方式呢？这是因为复杂的铺排方式属于日常行事，竖铺则是遇到凶事时的逆向礼法。只要看看统铺的习俗，就能明白一般民家为何忌讳竖铺榻榻米。

以上，是柳田国男的记述。

让尸体变软的俗谣

《旅途与传说》里有一篇关于神奈川县津久井郡地区（现相模原市）葬礼的报告，介绍了让尸体变软的民间偏方。

> 无论久病还是急病，只要是药石无医，魂入冥土者，在其耳畔念诵《南无妙法莲华

经》,就能避免尸体产生尸僵。黄莺常唱《法华经》,故而尸体柔软。

内容听着像骗人,后文还有"万一尸体变硬,手脚无法弯折,就让法华信徒念诵经文,使其变软",整体是在宣扬《法华经》的作用。

事实上,还真有法华信徒给我讲过类似经历,据说对着死者专心念经,尸体真的就变软了。

此外,作者还列举了其他让尸体变软的方法,比如真言宗的土砂加持法。

这是一种民间流传的智慧,下面将引用俗谣,直接说明土砂加持的作用。

> 魔罗①出现就用扁担打
> 要是没用就盖土砂

这里的土砂,是经过真言宗护摩②加持的土砂,但作者表示,即使是没经过庄严的宗教仪式加持的普通土砂也有效,还说:

---

① 魔罗:惑人心智、妨碍修行之物。
② 护摩:佛教密宗修法之一,以不动明王和爱染明王为本尊,设护摩坛,焚烧护摩木祈愿的仪式。

人类来自尘土，也将回归尘土，无论尸体变得多硬，盖土就能软化。

报道内容虽然匪夷所思，但也传达出人们千方百计想让尸体变软而付出的努力。

最后再引用《岩波　佛教词典》，介绍一下正式的土砂加持之功德——

　　吟诵光明真言，把经过加持的土砂撒在逝者的尸体·墓·塔上，哪怕逝者此刻彷徨于地狱·饿鬼·畜生·阿修罗的世界，受尽苦难煎熬，也能因土砂之功德即获光明，往生极乐净土，大彻大悟。

可喜可贺的木棉

　　我最初着手调查土葬是在二十世纪九十年代初期，在大阪府丰能郡能势町进行采访。

　　让我印象最为深刻的，是遗属身上穿的雪白丧服。担任丧主的男性表示，"我负责捧牌位，穿白衣白袴，头戴白色三角布。妻子穿一身白和服,头披白布遮盖,手捧死者的食膳'昼饭'"。

队列之中,丧主上下衣物皆为白色,夫人身穿白衣、头披白布

他们一身白色模样,宛如怪谈电影或戏剧里出现的幽灵。遗属与近亲,显然是在用这种装束扮演死者。这种传统的丧葬服饰明明是白色,却不知为何被称为"色着"。《丧葬习俗词汇》中写道,"很多地方称丧主乃至近亲的丧服为'色'","这个色,想来是白色的隐语"。

佛教民俗学者五来重在《丧葬与供养》(东方出

版)中提到,色着的"色"也写成"倚卢"①。古代天皇下葬后,亲属要身穿倚卢衣,在风葬墓地名为"倚卢"的丧屋中服丧,据他推测,这大概就是"色着"的起源。顺带一提,据说现代的天皇驾崩之后,皇太子仍要在名为"倚卢"的小屋里服丧,并举行倚卢殿仪式。

近亲穿一身白的习俗还有个奇怪之处,就是某些地区把这种白丧服叫作"可喜可贺的木棉"。《丧葬习俗词汇》中写道:

> 佐渡②把丧事中使用的木棉称为"可喜可贺的木棉"。另外还有"可喜可贺的布"……可见以吉事表现凶事,是自古以来的传统。

换句话说,就是把葬礼表现为一种值得庆贺的喜事。

落语《猫怪谈》里也有类似情节,与太郎的父亲去世后,长屋的房东问他:"你老爹好像可喜可贺了啊。"可见,高龄长寿之人去世,也被形容为"可喜可

---

① 日语中"色"与"倚卢"同音。倚卢为假借字。
② 佐渡:日本旧国名。在今新潟县佐渡岛。

奇特的丧葬礼仪

贺"。我曾听一位净土真宗的僧人说，某个信仰净土真宗的村子会在办丧事的时候煮红豆饭庆祝。

为何葬礼只需家人在场

话说回来，逝者的寿衣一般采取右衽的穿着方式。右衽，就是左衣襟在上，与日常和服的衣领扣法相反。既然遗属或近亲要穿一身白扮演死者，那和服的穿着方式也须跟死者一样采取右衽吗？我一直对此心怀疑惑，所以在调查土葬的地方到处找人询问。有人说"确实是右衽"，也有人说"活人不会效仿死人到那种地步"，总之，各式各样的答案都有。

在须藤功氏出版的摄影集《葬礼：去往彼世的民俗》（青弓社）中，一身白衣的女性确实采取了右衽的穿着方式。而我手上另一本反映滋贺县野洲市送葬情形的摄影集中，一身白衣的男性也是右衽。具体的考证先到此为止。那么，近亲们为何要与死者做同样的打扮呢？这是因为穿上死者的装束，就表示完全接受了死亡带来的不洁。

关于此事，《中世民众的葬制与死秽——尤以尸体遗弃为主》（胜田至著，《史林》第70卷第3号，1987

年5月)一文中使用了"寿衣团队"(死装集团)的概念来指代死者与血亲家属。在中世社会,人们把死亡当作传染病似的不洁之物,避之唯恐不及,由此也催生出一种行为规范,即死者的血亲家属须身着寿衣,无惧死亡地举办葬礼。

不过,只有家人在场举行的葬礼由于人数少,能做的事也很有限,无论抬棺还是把棺材运到墓地下葬都很麻烦。只有血亲在场,很难把葬礼办得圆满周到,因此中世社会多以丢弃遗体的遗弃葬为主。

其后,村落共同体逐渐发展成熟,以死为秽的观念日益淡薄,全村人共同张罗葬礼的丧葬习俗慢慢形成。不过,由死者亲属主导葬礼的规范依然沿袭下来,时至今日还是社会主流。虽然也出现了新式丧葬风潮,比如友人负责主持葬礼,但总体上还是少数。

二十年前,我以友人葬的形式,为因肝癌去世的年长友人举行了葬礼。当时遇到不少麻烦,比如在火葬场领取遗骨时,必须逝者的家人才能领。幸好当时,这位朋友的儿子也在场,由他出面才顺利领到了遗骨。

虽然不同火葬场有不同的规定,有些地方也能由朋友领取遗骨,但纵观全国,由家属主导葬礼的形式仍在延续。

兵五郎的怪谈

在死者枕边放刀、镰刀、扫帚等用以辟邪的风俗在各地都有。《旅途与传说》中有篇介绍神奈川县津久井郡地区葬礼的报告,提到当地有个传说:如果猫从尸体上跨过,会让死者苏醒,获得千人之力,化为妖怪"猫股"。在死者枕边放扫帚,就是为了用它敲打尸体,避免其化妖。

关于神户市布引附近的葬礼报告,也提到栖息在墓地的蛇、狸、狐会幻化出现。那块墓地上修了房子,据说住在这里的人,入夜后会看到许多蛇,吓得睡不着觉。为了避免被蛇袭击,要在枕边放刀或铁棒,这样蛇就不会出现了。

《旅途与传说》里还收录了兵五郎的故事。据说六甲山地中央的摩耶山麓杣谷河边有块墓地,名为兵五郎的狐狸出没于此。滩①的人到这里扫墓时,往墓穴里窥看,兵五郎就会出现。兵五郎现身时,会发出"呴——"的声音,在场的人会感到一阵眩晕。有人在墓地的竹林中修了祭祀兵五郎的稻荷祠,但似乎并无用处,狐狸还是会出现。

---

① 滩:地名。

听说有小孩爬上稻荷祠的墙上摘竹叶，不知是被狐狸发现还是怎么的，一道亮光突然照来，把孩子吓得赶紧逃回家中，没多久就开始发高烧、浑身颤抖。

如此这般，兵五郎的传说依然在民间流传。

墓 字

人死之后，灵魂不会消亡，而是经历轮回、重新投胎，类似的说法在各地都有流传。

《旅途与传说》中有个关于石川县鹿岛郡地区的葬礼报告提到，土葬的时候，若用墨在死者腋下书其姓名，当死者重新投胎转世时，文字就会从腋下浮现。这种习俗被称为"墓字"。人们相信，墓字只能用死者最初下葬之地的墓土才能擦除，否则绝不会消失。

"五十多年前，我们村有个姓多田的人从未学习就能书善画、天赋惊人，死后下葬前，家人偷偷在尸身上写了墓字，没过多久，多田就转生于能登轮岛一户贫穷之家"，据说这家人还悄悄跑到最初下葬的地方要墓土呢。这篇报告的作者称，"三昧（墓地）是怪谈的发酵地"。

其他关于墓字的案例，例如《丧葬墓制研究集成·第一卷：葬法》中的《特殊葬法》篇，提到奈良县御所市南窪有个孩子转生的事。这个案例中，墓字不是写在早夭幼儿的腋下，而是脚底。据说，投胎转世的孩子长大后成了一位厉害的尼姑。

不过，也有与之完全相反的例子。

> 某个财主家的孩子去世了，财主爱子心切，想知道孩子会转世到什么地方，就为其做了记号，不料孩子竟降生在身份低微的平民家庭。如果转世的环境良好暂且不论，转生到这种地方，真叫人懊悔当初不该做那个记号。

叫 魂

夏目漱石四十三岁的时候，曾因胃溃疡咯血而不省人事，约有三十分钟徘徊于死亡边缘。醒来后，他形容当时——

> ……随后，我深刻意识到猝然闪现于头顶

的生死两面的对照,是多么迅疾而又互不相干。

这就是夏目漱石经历的"修善寺大患",上述引用文字出自他的《回忆种种》。

彼世与此世相隔如此遥远,丧葬习俗中却有"叫魂"一说,即呼唤弥留之际的病人。《旅途与传说》关于京都府舞鹤地区的葬礼报告中提到一个例子,在亲人濒死之际爬到房顶大声呼喊对方的名字,亲人真的活过来了,还恢复了健康。这位作者还介绍了濒死体验者因叫魂而苏醒的逸话:

> 有个人称阿花的婆婆说,她正跟在一个穿绯衣的和尚身后,穿过鲜花盛开的漂亮原野,突然听到身后有人喊她的名字,回头一看,就醒了过来。

作者引用这个故事之后,又写到,"哪怕觉得病人已经不行了,也可以试着爬上屋顶或是在其枕边呼唤对方的名字",并叙述了叫魂的作用。又说醒过来的人即使恢复健康,也活不了太久,还警告"最多两三年内就会死"。

《丧葬习俗词汇》中提到,对马岛阿连部落有个习俗,病人死后,遗属要对着尸体大喊:

> 别在这里转悠了,赶紧往生,保佑后世家族繁荣昌盛吧。

这话简直像在鞭打死者。由此可见,叫魂不只是把魂魄叫回此世,也有为了子孙繁荣而驱赶死者魂魄的情况。

1025年,藤原道长的女儿尚侍嬉子死后,有阴阳师在屋顶上为其叫魂,相关记录在史书上也有留存。可见,叫魂在从前就是诸多丧葬习俗中的一种。

虽然近年来已经很少听说这种风俗,但据大阪某位丧葬公司的社长说,"九十年代以前,大阪的在日韩国人还会举行此类仪式"。当时如果谁家有人去世,遗属会尽可能爬到屋顶最高处,挥着逝者的衣服,连喊三次逝者的名字。这段讲述中有趣的地方在于,如果遗属嫌爬上屋顶麻烦,也可以用啤酒箱代替,只要在稍微高些的地方呼喊就行。从那时候起,在日韩国人的叫魂习俗也逐渐消失。

与唤回死者相反，还有一种仪式能让濒危的病人赶紧往生。据说平安时期的贵族藤原道长，在得知自己死期将近时，把丝线缠在九体阿弥陀①如来像手上，另一头与自己的手相连，然后枕北朝西地躺下，心念西方净土，就此往生。

令人诧异的是，平安时代的这种风俗，大约五十年前曾在我老家出现过。我母亲的叔母去世时，手上就有条丝线与佛坛里的阿弥陀像相连。据说临死之际，母亲的叔母说着"来了来了"，然后平静地停止了呼吸。当时的场景想必令人印象颇深，老家每每有人做法事，这件事都会被提起。

净身水的处理方法

一般而言，净身水是往冷水里兑热水。这个风俗在全国都一样。净身水的来源也有具体的要求。《旅途与传说》中关于喜界岛的葬礼报告中写道，净身水必须去山里的河中取。此外，取水共需三人，汲水方式也很费功夫。

---

① 九体阿弥陀：根据逝者品行高低，前来迎接的阿弥陀形态也不同，共分为九种，称为九体阿弥陀。中文里也叫九品弥陀。

把长柄勺朝向水流方向，也就是自上游向下游舀取。

一般说来，汲水都是在下游用长柄勺舀上游流下来的水。但净身水的取法与之相反，所以相当麻烦。舀上来的水提回家中后，要在院子里烧开，再混入家中井水使用。此时也要先在水盆里注入井水，然后加入烧开的热水。

据说滋贺县长浜市伊吹山脚下有个村子，对用净身水擦拭遗体的方法也有烦琐的规定。村里为逝者净身时，要先从逝者生前穿的贴身内衣上扯下一截袖子，用这截袖子擦拭。如果死者是男性，则用右手袖子；死者是女性，则用左手袖子。葬礼结束后，被扯掉袖子的贴身内衣要拿到河边洗干净，晾在十字形的青竹竿上，用麻绳系住衣服腰际，再整个挂在里屋房檐的高处。这件少了截袖子的贴身内衣，被当地人称为"乡衣①"。乡衣要挂四十九天，历经雨打风吹，如果被风吹走，遗属会高兴地认为逝者"提前成佛了"。

净身之后如何处理净身水，各地也有不同的讲究。《旅途与传说》关于福冈县大岛的葬礼报告中提到，"净

---

① 乡衣：原文为ふるさと，有故乡、归属地的意思。

身水要倒入厕所或海里，同时避免阳光照射"。岛根县伊原村的报告中则说，"使用后的净身水要倒在地板下"。

我在进行采访调查时，听说滋贺县犬上郡甲良町的金屋村，为死者净身的时间临近深夜。净身过程中碰触遗体的人，要"悄悄离开储藏室，到村子尽头某条指定的小河边洗净身体"。用过的净身水，则要倒在墓地。

滋贺县野洲市的村子会把用过的净身水放置一段时间。接受采访的女性本身参与过土葬，她笑着说，"等到葬礼全部结束，就把存放起来的净身水倒进肥料桶，挑去墓地。如果水量太多，桶就会很重，所以净身时会尽量少用水"。

土葬、露天火葬异闻

坐棺的尺寸：生于四二寸，死于四二尺

人死之后，要用多大尺寸的棺桶入殓呢？现在常见的寝棺长约1.8米。体格较大的人虽然可以定做特定尺寸的棺木，但由于火葬场的锅炉大小是固定的，棺木尺寸也会受其限制。与之相比，过去用于土葬的坐棺尺寸在不同地区有着很大差异。

据我调查，大致可以分为三类。

第一类已经介绍过，高为二尺三寸（约70厘米）、长宽为一尺八寸（约54厘米），两个数字分别源自地藏菩萨的结缘日二十三日、观音菩萨的结缘日十八日。这种坐棺在滋贺县的调查里十分普遍。

第二类，高为二尺四寸四分（约73厘米）、长宽为一尺四寸四分（约43厘米）。这种棺木见于《旅途

与传说》中关于神奈川县津久井郡的报告。不过，"由于放入陪葬品后，棺内空间会变小，所以一般会比规定尺寸做得大些"。

第三类，高为四尺（约120厘米）、长宽为二尺（约60厘米），见于滋贺县高岛郡西庄村（现高岛市）的葬礼报告。这是三种尺寸中最大的一种。"俗话说，死亡尺寸就是四二尺①。村里人总是戏言，人诞生于四寸二寸之穴，死后进入四尺二尺②之箱。"四寸二寸之穴，就是女阴。

像京都府南山城村那样按照死者体型大小定做棺木固然好，但坐棺的尺寸也影响着后续的入殓，尺寸太小，会导致入殓工作十分困难。

以上三种坐棺尺寸中，前两种坐棺内部都比较狭窄，第三种虽是源于一句戏言，内部空间却最为宽敞，这种顺应自然的结果令人不禁莞尔。

《旅途与传说》中，关于冈山市外今村地区（现冈山市）的报告里提到，为逝者入殓之前，活人要先入棺。

文中写道：

---

① 死亡尺寸（死に尺），音同四二尺。
② 四寸二寸、四尺二尺即长四寸、宽二寸，长四尺、宽二尺。

据说心思郁结的人赶在死者入殓前躺进棺材，让旁人盖上棺盖，在里面待三个呼吸的时长，就能让死者为其带走所有的烦恼。

佛教民俗学者五来重也提到过类似的民间信仰，据说火葬场装了新锅炉时，让活人先躺进炉内，这人就能长命百岁。五来把这种活人装死又重生的仪式命名为"拟死重生仪式"。这样看来，冈山市的活人躺进棺材，也属于拟死重生仪式的一种。

此外，鹿儿岛县十岛村的葬礼报告提到，当地人并不是死后才买棺材，而是生前就准备好了箱型的衣箱。文中还写道：

他们活到五十来岁就会备一口白木做的大衣箱，平时装衣物，死后作棺材。

儿童墓

儿童的丧葬礼仪有个显著的特征，就是比成年人的葬礼潦草许多。《旅途与传说》中，关于爱知县丰桥市的报告提到,"婴儿死后,大都是揭开地板,直接埋进檐廊下"。三岁左右的孩子早夭,也会采取同样的做法。接下来出生的孩子会顶替死去孩子的姓名与户籍,因此,当地有不少老人的户籍年龄比实际年龄大上几岁。

同样是在爱知县丰桥市,另一个村子的案例显示,如果有小孩死亡,大人要一边感叹"可怜",一边把竹条编成圆环,立在小孩坟头,还要在上面吊一把驱魔的镰刀。

滋贺县高岛郡西庄村的报告则显示,"婴儿死后要将其装入放蜜柑的空箱,由舅舅挂在脖子上(带去墓地)"。冈山市外今村地区的"孩子死后,全都要装进瓮里土葬。并把细竹条纵横交错地插在坟头,模样形似倒扣的粗孔竹篮"。2009年,我在滋贺县野洲市调查时也听说,孩子死后要使用蜜柑箱作棺材。

此外,在给孩子送葬时,不能走名为"往生路"的正式送葬路,而是走名为"阴路"的田间小道,死者家人带着蜜柑箱步行前往墓地。(同村女性表示,"都说孩子死后,父母绝不能走往生路"。话虽如此,下葬之后,父母为了看孩子一眼,还是会偷偷从阴路过去扫墓。)

《丧葬墓制研究集成·第一卷》的《特殊葬法》篇

土葬、露天火葬异闻

中，还记录了更加残忍的丧葬方式。根据文中所说，冲绳的宫古岛如果出现流产而死的婴儿，会用粗草绳一圈圈地捆在婴儿身上，将其带去海边的岩洞丢掉。此时，或是让体格健壮的男人用力把死婴摔出去，或是以五寸长钉穿透死婴的太阳穴，将其装进袋子、扔到海里。

如上所示，儿童葬大都采用近似遗弃葬的残忍葬法。昭和四十年（1965），田中久夫发表了针对儿童的特殊葬法相关的文章，并指出，比起成年人举全村之力举办葬礼的夸张程度，儿童的葬礼大都只有亲属参加。

为何儿童的丧葬方式如此冷酷残忍？通俗的解释是，这源于"七岁以下都是神之子"的俗谚。

从前的人认为，七岁以下的孩子都是暂活于世，尚未完全变成人。田中先是承认这种观念的存在，然后作出结论：如此简陋的儿童丧葬方式，是土葬尚未出现之前，遗弃葬习俗的残留。在遗弃葬盛行的时代，日本尚未形成村落共同体，只有家人会为死者凭吊。其他人都像畏惧传染病那样畏惧死亡的不洁，根本不敢靠近尸体。

儿童葬就是在土葬普及之前，从遗弃葬时代遗留下来的产物。

进入墓穴的女性

《旅途与传说》关于喜界岛的葬礼报告中,提到一个很有意思的习俗,据说把棺材放入墓穴后,距离死者最近的女性要随之进入墓穴,为死者整理着装。

在喜界岛一个名为"阿传"的集落,当送葬队伍到达墓地时,要举行"岛见"仪式。也就是让死者最后看一眼自己的故乡,在墓地看一眼海。然后抬着棺材按顺时针方向默默转三圈。之后,先把摘掉棺盖的棺材放入墓穴,再让一名女性跟进去。女性要为尸体摆正姿势、整理衣物,并将入殓时系在死者身上的带子取下来。整理完毕,要在死者的腹部放三枚一厘的铜钱,这是黄泉的买水钱。此时,死者的脸不能直接与天相对,所以要在棺材上撑伞遮盖。其他近亲,则从墓穴上方俯瞰死者的脸。当墓穴中的女性盖上棺盖,爬出墓穴后,还要在棺盖上放三颗小石子,每颗石子之间留五寸(约15厘米)间隔。

记录这场葬礼的作者写道,在棺盖上放完小石子,死者才真正成为黄泉之人。

如果不放石子,死者就去不了御所,也回

不到现世，只能游离在两界之间。

御所，就是喜界岛民心中的死后世界。

石堆葬

众所周知，土葬的洞穴深度一般在2米以上，但在海岸沿线一带行不通，即使挖了洞也可能渗水。佛教民俗学者五来重在《石头的宗教》（讲谈社学术文库）中，介绍了一种名为"石堆葬"的埋葬方式。这种葬法无须挖洞，只要把棺材放在地面，在周围堆上石头。具体例子，比如香川县仲多度郡的佐柳岛海岸墓地。听说这里的石头都是死者的亲戚从海里捡的。这本书写于昭和六十三年（1988），而据《旅途与传说》关于香川县高松地区的报告可知，在昭和初期，小豆岛的村落就有石堆葬了。

文中提到，"据说尸体被埋在海岸的沙地。久而久之，坟地周边的海岸沙地也因尸油而形成了一种特殊的地貌"。除了埋葬尸骸的墓地，当地人还会在别处修建没有尸体的墓碑。也就是说，他们实行的也是两墓制，石堆葬的坟地与参拜墓地各在一处。

五来重推测,这种石堆葬诞生之初,是为了封印风葬死者的荒魂①。

"随着对荒魂的恐惧日益淡薄,人们对石堆葬的解释,也逐渐演变为避免死者被恶灵捉走",而"为近亲堆石头,则被解释成了悼念死者、祈愿死者早日成佛,石堆的作用也从封印转变为供养"。

被藏匿的海难者尸体

渔夫町有什么流传至今的丧葬习俗吗?《旅途与传说》关于南日本墓地与墓制的报告中,有人走访南方诸岛的渔夫村墓地,收集了当地的丧葬习俗,其中包括山口县的相岛海岸、长崎县的五岛、福冈县的志贺岛等。

其中,东松浦的加部岛(佐贺县唐津市)埋葬海难者尸体的方式很有意思。据说岛上居民家中的坟墓,有很多都属于海难死者。当地渔夫深信,看到海难者的尸体,将其作为惠比寿神②祭祀起来,就能拥有丰富的渔获。出于这种理由,渔夫们都想独占好事,很多人看到海难者尸体不会声张,而是偷偷将其埋葬。这份报告

---

① 荒魂:指暴躁凶狠的魂灵,常会招致灾祸。
② 惠比寿神:也写作"戎神",是七福神之一,据说能使买卖兴隆。

的作者推测,"死在海里的人,尸骸往往很难找到,背后的原因大概与此风俗不无关系"。

虽不清楚真相如何,但报告作者在采访中也听人提到,孤零零伫立在荒滩尽头的坟墓,一般都是被藏匿的海难者之墓。其中有的死者被视为渔获之神长年供奉,墓地上还建起了小祠堂,有的墓旁飘着红幡,在荒芜的海滨上十分显眼。

但另一方面,还有大量尸体被弃之不顾。据说加部岛居民家中的坟墓,就是人们害怕亡灵作祟的无奈之举。这类亡灵,有的会化为神佛守护供奉它的家庭;有的会作祟,给屋主带来灾难和麻烦。

报告的作者本想调查被藏匿的海难者情况,但取证似乎相当困难,"这种事也不好深入询问,实在棘手得很"。

竹篱葬的种类与类型

假设有人在深山里迷路,走入一片葱郁森林旁的宽阔草地。如何判断这片草地是不是土葬墓地,有几个关键性的特征。

首先,墓地入口处会有模拟莲花形状、放置棺木的石台。旁边必然有六尊石地藏，宛如墓地的守护者。草地深处墓碑林立，有些墓碑四周还用木制或竹制物围得严严实实。这种围栏源于古代天皇的风葬，为免遗体遭受"死灵·恶灵"的侵袭，要将后者封印起来。随着时间流逝，这种殡葬形式逐渐演变为土葬墓地四周的围栏，一般被称为"竹篱"或"篱笆"。

五来重在《丧葬与供养》中提到，土葬墓地的竹篱有数种类型。他的学生山田知子女士对土葬墓地做了实地勘察，还留下了竹篱的照片。多亏她，我们才能以此为线索，尝试给竹篱分类。

首先，第一种是以木头或竹子将坟地围成长方形的"忌垣型竹篱"，前文中提到的四十九根木塔婆围成的四十九院，就属于这种。第二种是"防狗（防狼）桩"，即在墓地四周插上削尖的青竹，前文中奈良市月濑陵园的墓地就是一例。第三种是"灵屋型竹篱"，前面已经介绍过的奈良县十津川村、与论岛的神葬祭，就常使用这种竹篱。

除了上述类型，还有一种颇具代表性的"渔具型竹篱"。渔具型竹篱是把青竹交错插在墓地周围，形成一个圆锥形，再把顶端扎起来。这种类型又分为青竹往外弯和往里弯两种，因为形状类似捕香鱼的古渔具，故有此称呼。据我调查，滋贺县野洲市用的是青竹往外弯的渔具型竹篱，彦根市的村子与之相反，用的是青竹往里弯的渔具型竹篱。

渔具型竹篱（左）、须屋型竹篱（右上）、石堆型竹篱①（右下）

（山田知子供图）

另外，还有一种"须屋型竹篱"。这种类型与灵屋型竹篱一样，有屋顶和四根房柱，二者合称"家屋型竹篱"。须屋与灵屋的区别在于，须屋四周没有板壁，最简化的版本甚至连四根房柱也没有，只有一根柱子支

---

① 石堆型竹篱虽然没用到竹子，根据原文还是译作竹篱。

撑屋顶。从前，须屋型竹篱的四根柱子上分别挂着发心门、修行门、菩提门、涅槃门的匾额，举行葬礼时，要围着柱子转三圈。藏前国技馆①相扑台上方的屋顶，大概也参考了这种须屋型竹篱。昭和二十七年（1952），自享保年间一直存在的四根柱子被拆除，只留下一个悬索式屋顶。在这以前，屋顶下方是有四根柱子与地面相连的。五来重推断，在相扑选手踏脚②的相扑台上立四根柱子，或许就是效仿自墓地竹篱的四根柱子。

还有一种类型的竹篱，叫"石堆型竹篱"。前面已经提到的香川县佐柳岛的海岸墓地便是一例，此外，滋贺县湖西地区的高岛郡也有不少。五来重在《石头的宗教》里说，这种石堆型竹篱是"把五六块几人才能搬动的大石头堆起来，以粗金属圈固定"。如此庄重地堆叠石头，也是为了封印坟地里的死灵。

露天火葬场的叫骂声

从前的露天火葬，有着不同于土葬的烦琐与匠心。《旅途与传说》关于福冈县筑上郡东吉富村的葬礼报告

---

① 藏前国技馆：竣工于1954年，是两国国技馆建成前东京相扑比赛的主要场所。
② 踏脚：相扑中的动作，双腿交替抬高用力踩踏地面。

中，介绍了露天火葬的独特习俗。

先在地面打四根桩，往中间丢三把扎紧的稻草，再把棺材放在上面。棺材四周放十二把稻草，棺盖上也要盖稻草。这样就形成了一个稻草铺就的露天火葬小屋。当地人称其为"火屋"。上述工序完成之后，要在火屋顶上加盖浸过水的稻草。这种湿稻草叫作"逆舻"。沾湿的逆舻能控制火势，让尸体完整地白骨化，这也是习惯露天火葬的村落共通的匠心。

村里还有个习俗：在准备火葬的过程中，负责人要不停说死者的坏话。根据葬礼报告可知，具体叫骂的内容有："这人没喝够，该不会变成妖怪出来吓人吧"，"是啊，他老花家里的钱喝酒，所以才死得早"，等等。如果死者是未出嫁的姑娘，则要说各种下流话。例如"○○姑娘还是○○○吧，你知道不"，"不知道，说不定有人呢"，等等。虽然具体意思听不太明白，但能感觉出内容的露骨。

他们为何要说死者的坏话？是因为肩负露天火葬负责人的身份，才被允许这么做的吗？总而言之，人们生活在村落共同体中的乐与苦、对生与死的感慨，都借由这种消愁解闷的娱乐活动传递出来了。

日落以后，就该点火了。据说太阳下山前点火会遭天谴。此时，火屋所在的火葬场也已备好了酒与生豆腐等斋菜（做法事时的餐食）。第二天早上，等时间差不多了，火葬负责人就会念叨"佛祖保佑"，用棒子戳一戳火屋，看看烧完了没。如果烧完了，就跑去丧家告知，接着举行拣骨仪式。

头七这天有个扫尾仪式，要请亲朋好友来吃斋菜。服丧期的时长按性别有所不同，若死者是女性，服丧期为三十五日；若死者是男性，服丧期为四十九日。丧期结束这天也要举行仪式。男女服丧时间不同的原因并不清楚，只听说当天要请僧人来诵读净土三部经[1]，大家就着鱼肉料理喝一杯。

墓地的可怕蛮俗

虽然冒昧，但还是想讲讲露天火葬场的野蛮习俗。《旅途与传说》中关于冈山县的葬礼报告收录了作者听来的传闻，里面提到了某个村子举行露天火葬时的风俗。报告者写道：

---

[1] 净土三部经：指《佛说无量寿经》《佛说观无量寿经》《佛说阿弥陀经》三部佛经。

据说冈山县北部有个地方，要把棺材带到山上某个固定位置……从上面捣烂棺盖，肢解尸体后再火化。如果死者是女性，还要刺穿其阴部，这样能让尸体的油脂流出，很快就能烧干净。

冈山县另一个村子流传着一种说法，如果女性把火葬场烧尸体的灰带回家，趁没人的时候涂在牙齿上，就能很快觅得姻缘。

附近还有个村子，据说有人在明治二十四、二十五年（1891、1892）左右，看到河里流过一个稻草包。草包里是个死婴。发现稻草包的小孩们觉得好玩，还用竹棒去戳。杀死刚出生的婴儿，好像并非古时才有的风俗。我曾听一位女性友人说，她祖母就偷偷杀死过一个婴儿。昭和初期，这种行为在各地成风。

《葬礼：去往彼世的民俗》（须藤工著，青弓社）里写道：

> 杀婴也被称为"还子"。这不是断了孩子的性命，而是把孩子还给神灵。这种想法也源于七岁以下是神之子的传统观念。

据说还子的方式有好几种，有掐死的、用草席令其窒息死的、用湿纸堵其口鼻致死的，等等。

头北面西

进入21世纪前不久，滋贺县甲贺市信乐町上朝宫的墓地，发生了一件让净土宗寺院O住持怀疑自己眼睛的事。

这个村子的土葬用的是寝棺，坟地里的墓穴都是南北朝向的长方形。当时，一个挖墓人问伙伴："我说，北边是哪边啊？"伙伴指了指北边的方位。于是他们调整棺材的方向，让死者头朝北。先前的挖墓人又问："那西边是哪边？"伙伴指了指西边的方位。接着两人抬起棺材旋转了九十度，朝向西边，此刻，棺中死者正好头朝北、脸朝西。挖墓人就这样把棺材放进了墓穴。

在一旁目睹了整个经过的O住持十分惊讶。片刻间，他意识到两位挖墓人的行为隐含着某种深意。"啊，这不就是释迦牟尼的头北面西吗！"头北面西，是指释迦涅槃时，枕北面西躺卧的姿势。上述两位挖墓人按字面意思，实践了释迦涅槃的睡姿。

目瞪口呆的住持走过去问他们"为何这样做",挖墓人说"不知道,但和尚师傅,这是自古以来的规矩呀"。住持感叹:"我突然意识到,这就是民俗习惯的力量。村里人虽然完全不懂何为释迦涅槃,却用智慧将其融入丧葬礼仪,并沿袭至今。"

在那以后不久,土葬的习俗就从信乐町上朝宫的村落里消失了。把寝棺整个儿打横下葬,可谓是这个村子土葬习俗的最后一抹余晖。但他们送葬时穿的白丧服及各种葬具,好像还珍藏在寺院的仓库里。

划分墓地的三种方式

信乐的 O 住持说,死者具体葬在坟地的哪个位置,要看不同村子如何划分墓地。具体有三种方法。

第一种,大多数村子是根据死者年龄决定埋葬位置。这种情况下,死者年龄越大,埋葬的地方越靠内,环境也越清净。

第二种方法与年龄无关,是从内往外,按死亡顺序下葬。等到墓地满员,再换新的墓地,重新从内往外排。

第三种则是按家庭划分墓区。上朝宫的墓地采取第三种方法，每家每户都有自己的墓区。采用这种方法的优点在于，哪怕夫妇俩的死亡时间不同，也能葬在对方旁边；缺点在于，如果某家连续有人死亡，墓地可能会不够用。三种方法都有所长亦有所短。

据说早夭的儿童大多不按以上三种方式下葬，而是葬在墓地入口处。过去针对儿童的土葬方式都很潦草，但今时不同往日，伴随少子化的发展，孩子在幼年时期夭折的情况也鲜少再出现，越来越多的人给儿童办葬礼反倒比成年人更隆重。O住持说："举个例子，有的父母为孩子买了高额的学费保险，由此获得几百万日元的赔偿金，他们想为心爱的孩子办一场隆重的追悼会，儿童的葬礼也就变得豪华了。"

姑获鸟托婴的怪谈

《旅途与传说》关于熊本县的葬礼报告中，提到了一个流传于该县阿苏市的词语——"姑获鸟托婴"。

姑获鸟就是产妇的幽灵，是当地传说中的妖怪。人们认为，如果孕妇因某种原因无法顺利分娩，跟胎儿一同死亡，就会化为姑获鸟。据说姑获鸟会在自己的墓地周围徘徊，看到有人经过，就化身为漂亮女人，请对方帮她抱一会儿婴孩。路人接过孩子时并未察觉异样,但很快就会发现怀中婴孩变成了那位孕妇的墓石。

这份葬礼报告还特地提到一点,如果孕妇与胎儿同时死亡,必须剖开孕妇的肚子,取出胎儿才能下葬,否则死者就会化为姑获鸟。如果实在无法取出胎儿,就准备一个稻草人,绑在孕妇背后一起下葬,据说这样能避免她化为姑获鸟。令人吃惊的是,从死去的孕妇腹中剖胎的习俗见于全国各地。这种风俗之所以诞生,大概是因为从前的孕妇容易在分娩时死亡。

《丧葬墓志研究集成·第一卷》的《特殊葬法》篇也介绍了从孕妇腹中剖胎的例子,其参考文献《关于镰刀柄的禁忌——剖胎的旧俗笔记》发表于昭和五十一年(1976)。该论文作者桂井和雄写道:

> 剖胎,是指通过剖腹,从临盆在即的女人遗体内取出胎儿。请医生来实施剖腹手术是相对晚近的习俗,而所谓旧俗,就是请接生婆或家中近亲用镰刀直接剖腹。

作者的研究范围是高知县土佐清水市,据说当地也有类似阿苏的姑获鸟托婴风俗——

以前就是这样，如果临盆在即的女人死亡，要把镰刀柄换成栎木，剖出胎儿后将其下葬。

不止作者调查的四国，福岛县也有这种风俗。作者桂井认为，奥州①安达原的鬼婆好杀孕妇、取其胎儿的传说原型，就是这种风俗。

作者在文末写道：

虽说孕妇已死，但能毁坏遗体②的只有她丈夫或别的近亲，以及接生婆。

……

各个村落之所以严格遵守这种习俗，也是源于某种阴暗且带有佛教性质的民间信仰，大家认为不取出胎儿，死者就无法成佛。

南方熊楠的考察

黏菌的生物学者与民俗学者南方熊楠，也对剖胎的

---

① 奥州：旧时陆奥国的别称，也指日本整个东北地区。
② 毁坏遗体：指剖腹取胎。

习俗很感兴趣。昭和六年（1931），他以井原西鹤的《当世贞女气质》为题材，在《乡土研究》上发表了论文《关于从孕妇尸体中剖出胎儿一事》。

《当世贞女气质》的大致内容如下。近江国的旅店老板娘跟一位旅客发生了一夜情，当夜的鱼水之欢让女人受孕——

> 隐人耳目何其痛苦，那旅人姓甚名谁、来自何处也不晓得。
> ……
> 她不堪丈夫武右卫门的审问，也找不到合理的借口，不得已只好投缳自尽。

简单说来，就是旅店老板娘怀了过路旅客的孩子，被丈夫责备，最后上吊自尽的故事。她的父亲是坚田的渔夫，听说此事后，来把尸骨带回了家乡。这部分剧情写道：

> 至少要把胎儿从遗体里取出来……于是在葬礼会场上剖开她的肚子一看，真奇怪，里面居然是张渔网……

原来——这是她爹身为渔夫、多年杀生的报应。

在近江坚田以捕鱼为生的渔夫，没有遵守佛教的杀生戒律，罪孽积攒多年才得了这样的果报。

熊楠在论稿中提到，"印度和中国南宋的书籍里也收录了不少用镰刀剖开孕妇肚子的逸话"，并由此推测，"（剖胎相关的）日本民间传说，是否也是从中国传入的呢？"

昭和六年（1931），某位姓波多野的年轻人寄给熊楠一封信，信中提到，他的家乡大分市同样残留着剖胎的风俗。这封信里还写道：

> 据说宫崎县的某个偏僻乡村，有人请医生帮忙从尸体腹中剖胎，却被医生拒绝。遗属别无他法，只能请僧人来念一种名为《亲子离别经》的经文，超度亡灵后将其下葬。

信中提到的《亲子离别经》，在《旅途与传说》关于滋贺县高岛郡的葬礼报告中也有十分有趣的内容，里面写到佛教人士在剖胎习俗中的作用。报告里说，到寺院请僧人来帮忙剖胎时，要注意"不能找真宗的和尚，而要找禅宗的方丈"。想来，这是因为净土真宗致力于排除一切迷信习俗，门下和尚也对这类事爱莫能助吧。

这种情况下，禅宗和尚会把屋里的人都赶出去，关紧房门念一段很长的经文，然后准备剖胎。据说此时打开棺盖，会发现胎儿已经降生，被死者抱在怀里。然而，无论多么得道的高僧，类似的仪式最多只能举行三次，三次之后就"必须闭寺"。

闭寺，就是不带任何行李、只撑一把伞离开寺院。换句话说，这位僧人必须关闭寺院，自行离开。这样看来，施行剖胎的咒术，是件无比耗费心力与功德的难事。

实际发生过的剖胎事件

分布于全国各地的剖胎风俗，在现实中也有发展为毁坏尸体罪的例子。昭和二十八年（1953）出版的《民间传承》杂志中，有篇名为《尸体解剖埋葬事件——孕妇丧葬仪式》的论文记录了该事件的始末。

事件的起因，要追溯到会津某个山村的四十岁女性怀胎十月、因妊娠中毒症（妊娠高血压综合征）而死亡一事。出席葬礼的亲属与村民认为，死者肚里的孩子即将出世却意外死亡，肯定无法超生，会化作怨灵纠缠这家人七年之久。死者的长子当时十八岁，他经过慎重考虑后召开亲属会议，与大家讨论后决定取出胎儿。于是，家人拜托医生来做开腹手术，发现死者肚里是对双胞胎。之后，家人把孕妇与两个婴儿装进同一口棺材下葬，并向政府递交了两张死亡证明。

然而，当地警察署听到传言，认为这家人犯了毁坏尸体罪，开始对相关人员进行调查取证。不止如此，这件事还涉及法律解释上的问题。法务府[①]意见局的检事[②]走访当地，据说还征求了上述论文作者、民俗学者山口弥一郎的意见。

山口告诉检事，当地确实有许多传说和民间故事认为，把临盆前死亡的孕妇直接下葬，死者会在墓中诞下婴儿。比如有个传说叫《育儿幽灵糖》，是说一个死去的孕妇在墓中诞下胎儿，然后变成幽灵，买糖养大孩子的故事。现实中，京都最具代表性的坟地鸟边野周边，至今还有卖幽灵糖的店铺。

听了这些故事和传说，检事认为"这些观念早已

---

① 法务府：后改为法务省。日本行政机构之一。
② 检事：检察官的职务等级之一。有时也统指检察官。

深入民心，成了一种迷信"。此后，检事又对医生做了调查，问之前是否也做过开腹手术，医生说大正到明治年间，类似的事颇多。如此这般，检事与民俗学者探讨了传说与民间故事的民俗学意义，并由此思考剖胎是否构成毁坏尸体罪。

之后，这位民俗学者收到了法务府寄来的案件纪要。案件的最后判定结果是，从孕妇尸体中剖出胎儿的行为不构成毁坏尸体罪。纪要还以下文作结：

> 上述行为虽不科学，但目的是让死者的灵魂得到安息，这种善意的出发点是客观且显而易见的。
>
> ……
>
> 因此不构成违法，犯罪不成立。当然，这种行为虽不值得鼓励，也可以不受法律的约束。

野归及后续供养

在玄关啃生米的风俗

为了避免把死亡的不洁从墓地带回家中,很多地方都有匠心独运的风俗,例如下葬之后,遗属与近亲要脱下送葬穿的草鞋丢在墓地,等等。对死秽的恐惧体现在野归风俗中,可谓有过之而无不及。野归[1],就是从野外墓地返回丧家时的习俗,其中尤以玄关处的仪式最为重要。

昭和四十四年(1969)出版的《近畿民俗》中,有篇名为《野归习俗中体现的庶民死灵观》(井阪康二著)的论文提到,兵库县宍粟郡(现宍粟市)的村子有个奇特的习俗:遗属要在家门口的玄关啃米。

---

[1] 野归:指送葬归来,按文中说法,也指此时的习俗。

文中说，送葬归来的遗属要从放在玄关的盆里抓一把加了盐的米，一边啃一边进入家门。其他地区也有在玄关举行野归仪式的，比如兵库县的丹波筱山村落，会把灶灰和盐混合后放在门口，让野归之人踩着进门。此外，神户市某个村子会在盆里加入盐和糠，野归之人假装用它洗脚后进门。在空盆里做洗脚的动作，前文南山城村的奇俗中已经提过，想不到其他地方也有类似的风俗。

上述三个例子，都把盐作为野归后的净化道具，那么米、灶灰、糠又有怎样的净化效果呢？论文作者认为，其他参与葬礼的人回家时只需用盐净身，而沾染了更多死亡不洁的遗属、近亲，还要使用盐以外的东西，这是为了与死亡的世界划清界限。

作者尤其注意到了啃米的行为。据说不止野归，其他葬礼仪式中也有类似的做法。比如冈山县的村子有个风俗，为死者净身后要啃食生米。村子里，用绳带或束袖绳绑起袖子、为死者净身的人，在净身完毕后，要把绳带与束袖绳丢进海里，再用海水清洗身体、祓除不洁，回家后要往身上撒盐，喝一碗酒，然后啃食生米。

除了葬礼，青森县的村子也会在孕妇生产后让其啃生米。这种米又叫"力米"。论文作者得出结论，"啃食生米，是借用生米的力量，阻止死者把人带入坟墓（即死的世界）"，并认为，"野归的仪式，等同于往返死界与生界的通关文书"。

延迟进门的咒术

野归之人的行动特点，实则是避免把死之不洁带回家中。刚才介绍的野归仪式，是在丧家的玄关门口举行咒术类仪式。还有一种仪式，是要延迟进家门的时间。

前面提到的《野归习俗中体现的庶民死灵观》一文，作者也写到了冲绳伊计岛的野归风俗。文中写道，从葬礼归来的人不能立刻进家门，而要先在屋外院子里吃饭。做饭用的灶灰被视为火神，要丢在海边。丢完回来依然不能进门，要举一根火把再去趟海边，用海水清洁身体后回家，这时才能踏入玄关，进到屋内。

柳田国男在《丧葬习俗词汇》的"踢潮"一项中写道，冲绳的大宜味村有个习俗，葬礼结束后，抬棺的男人不能立刻回家，要先去海边做一对门，让参与葬礼的人穿过其中一道门去海里清洗手脚，再穿过另一道门，这是"为了祛除死灵，净化身体"。

可见，穿过两道门之后，参与葬礼的人才终于回到了生者的世界。

《旅途与传说》关于八重山列岛的葬礼报告中提到，当地有被称为"卡洛斯人①"的七位男女，葬礼结束后，他们要摘两根芒草，做成"门"形立在海岸上，在丧家与海岸间往返七次。每往返一次都要穿过芒草门，用海水清洁身体，之后回到丧家，在门内喝完螃蟹与韭菜叶熬的汤汁才能进屋。

与那国岛在昭和初期还延续着以下习俗：野归途中，好酒者聚在一起喝个三四杯，东倒西歪地睡在路旁，高声唱起道歌跳起舞。冲绳语词典里对"道歌"的解释是在田间小路上唱的民谣，这种珍奇的风俗也可视为一种延迟回家的仪式。

总而言之，上述野归过程中的仪式，都是在想方设法避免死者混入生者的队伍。

驱除恶灵的野归仪式

柳田国男在《丧葬习俗词汇》中提到，送葬归来，好不容易才进入家门的这天夜里，会举行一种奇特的仪

---

① 卡洛斯人（カロス人·karosu 人），方言音译。

式。冲绳本岛把这种野归仪式称为"驱物",具体步骤如下。

家人齐聚一堂,坐在屋里,关上房门,把舂米臼倒扣在门口,上面放菜板和菜刀。三个男人分别手持盐水、炒过的五谷、木片站在旁边。第一人高呼"阿内阿内",往上泼盐水;第二人高呼"库内库内",往上撒五谷;第三人高呼"塔马塔马"①,用木片在上面敲打。接着要踹翻舂米臼,迅速跑到白天送葬经过的路上,三人在拐弯处"哇——"地齐声大喊,然后往地上扔豆子。柳田国男说,"这应该是种驱逐死灵的仪式"。

这种"驱物"仪式也叫木努乌衣②。公益财团法人冲绳县纪念整备协会的网络报道中写道,木努乌衣作为一种驱逐恶灵的仪式,至今仍留存于冲绳的自家葬③中。不过,报道中所说的木努乌衣是出殡后的仪式。

具体步骤是,出殡结束后,用扫帚彻底打扫房屋,一边用芒草做的葬具"桑④"轻敲地板,一边唱诵咒文。接着手持装有盐水的大碗,在屋里四下走动,同时

---

① 阿内阿内(アネアネ・aneane)、库内库内(クネクネ・kunekune)、塔马塔马(タマタマ・tamatama),皆为呼喊声的音译。
② 木努乌衣(ムヌウーイ・munuuui),方言音译。"驱物"读作莫诺哦衣(モノオイ・monooi)。
③ 自家葬:在死者家中举行葬礼的形式。
④ 桑(サン・san),方言音译。

野归及后续供养　　257

用手指蘸盐水弹在地面。想来，保存至昭和初期的驱物（驱除恶灵）仪式所遵循的规范，要比流传至今的同类仪式更加古老。

捣空臼

大约十年前，我在滋贺县的甲贺村做送葬相关的调查采访时，听人说起当地有个习俗，是从墓地归来后，要把二十来个小年糕丢进舂米臼，做出捣米的样子。此时无须用到捣米舂，只要像哑剧那样做动作就好。

在我此前所做的调查中，这种风俗简直闻所未闻。当时我找来一群参加过土葬的村民，并向其中十来人问了这种风俗的含义，他们只说，"谁知道呢，大概是祈愿死者能去个好地方，往生极乐之类的吧"，但无人知晓真正的缘由。

不过，《丧葬习俗词汇》里有个与之非常相似的风俗。在信州诹访郡本乡村、落合村（现诹访郡富士见町），"父母去世，送葬归家后，要立刻在院子里捣空臼，这叫驱亲"。

甲贺村的捣空臼要在舂米臼里放入小年糕，严格说来不能叫捣空臼。但不用捣米舂，只做出"捣"的动作，实际也不算真正的捣年糕。虽不知当地是否将其作为父母死后的风俗，但它确实类似于捣空臼。甲贺这种风俗中最重要的一点，在于野归后要用到舂米臼。

那么，舂米臼作为葬具，又有怎样的意义呢？前面提到的《野归习俗中体现的庶民死灵观》一文写道：

> 在鹿儿岛县大岛郡，从墓地归来的人必须前往海岸，用一寻①长的竹子往身上泼海水以净身。如果年纪太大不方便去海岸，可以舔舐舂米臼里的盐，或把臼里的盐撒在身上。

可见，当地人认为舂米臼具有某种咒术意义。

民俗学摄影家须藤功在《葬礼：去往彼世的民俗》一书中提到，送葬归来，要在舂米臼上放盐和水。他也认为舂米臼具有某种隐秘的咒力，并在葬礼中承担着重要角色。

另外，《丧葬习俗词汇》的"倒空臼"一项中提到，"在壹岐石田村（现壹岐市），出殡时要把空臼倒扣在院子里"。这种风俗不是在野归后，而是在出殡时进行，在这里，舂米臼也是重要的葬具。

---

① 一寻：长度单位，约1.8米。

野归及后续供养

话虽如此，甲贺村的捣空臼习俗依然存在诸多谜团。但可以确定的是，野归后使用的空臼，具有封印死灵的咒术效果。

水边礼仪

葬礼之后，要把死者生前穿的贴身单衣等拿到附近的河里清洗，类似的风俗在全国各地都有。我在滋贺县进行采访调查时，听说当地很多村子不仅要在河里洗衣，还要把衣服晾在家中院子里，四十九日后才能取下。

《丧葬习俗词汇》提到——

> 丹后舞鹤地区（京都府）有个习俗，死者亡故的第三天，即葬礼第二天，要由近亲中的女性把死者穿过的衣服、睡过的床单拿到河边清洗。此时必须随身带刀。这叫三日洗濯，洗完后，要把衣物等朝北晾晒，三日后取下来。

洗濯时带刀，听来危险，其实跟在死者枕边放刀或镰刀一样，可见三日洗濯不只是洗濯衣物，也是在水边进行驱魔仪式。柳田国男也写道:"很多地方把水洗视为一种中阴①仪式。"

除此之外,在水边举行的葬礼仪式中,还有种名为"洗褪"的风俗。《丧葬习俗词汇》中写道,佐渡的产妇死亡时——

> 要用四根柱子撑一张红布竖在河里,旁边放一把竹勺,请过路人往红布上浇水。等到红布褪色,逝者才能成佛。

这就是洗褪。

佐渡的洗褪风俗,又称"川流灌顶"。虽然在佐渡特指为产妇举行的镇魂仪式,但一般而言,川流灌顶是在河边举行的施饿鬼供养。也就是说,它不是为了供养特定的死者,而是把浮游在周围的各种饿鬼死灵都视为供养的对象。高野山奥之院的川流灌顶,就是在玉川里竖塔婆进行的。

据说这里的塔婆大都属于流产或被堕的胎儿,以及年纪轻轻就撒手人寰的产妇。

---

① 中阴:人死后七七四十九天。

野归及后续供养

高野山奥之院的川流灌顶

喜界岛的黄泉之国

一般说来,悼念死者的方式与葬礼后的供养方法,反映了当地百姓对死后世界的想象。《旅途与传说》中收录的喜界岛葬礼报告,介绍了当地独特的死后世界观。

> 岛民们想象中的黄泉国,既不是佛教宣扬那种坐于莲台的极乐净土,也不是基督教所说那种百花缭乱的天国。

喜界岛的黄泉之国被称为"御所",是个不可思议的小岛。去往御所的路叫"御所路",据说路途险峻无比。御所是个缺水的地方,所以埋葬逝者时,要在棺内放买水钱。此外,御所的亡灵无须劳作,而是吃子孙供养的初收(采收的时鲜)为生,三十三年后即可成佛①。因此,当地人把死后第三十三回忌日视为最后的祭典,要在这天举行盛大的仪式。作者在报告的最后写到,说到底,喜界岛的黄泉之国(御所)——

> 除了不劳作也有得吃以外,与现世并无差别,人们甚至认为,御所某些地方还不如现世自由。

作者还提到,喜界岛过去的丧葬习俗是把尸体扔进岩洞。奇怪的是,遗弃葬怎么会孕育出对死后世界的想象呢?

从前,喜界岛的人认为,死后世界与现世毫无差别。那里没有极乐净土,没有天国,也没有地狱。所以丢弃遗体的人也不认为这种行为会遭报应,不觉得自己死后会下地狱。直到后来进入土葬的时代,人们才逐渐

---

① 成佛:指成为民俗信仰中的祖灵。

野归及后续供养

形成伦理观与道德感，开始恐惧地狱的审判，着手为死者举办隆重的葬礼。

比之远为古老的遗弃葬，对死后的想象十分朴素，没有所谓的地狱审判，正因如此，人们也不认为丢弃遗体是种罪孽。随着时代变迁，喜界岛的旧式葬礼从遗弃葬演变为风葬，具体做法是把遗体纳入棺中，放进岩壁上挖的横洞。亲戚们要准备酒菜，连续一周通宵守墓。三四年之后，待遗体化为白骨，再将其纳入大瓮或埋在横洞外，建一座石塔。可见，供养死者的方式也逐步走向成熟。这种风俗一直持续到明治初期，再往后因为不卫生而遭禁止，遂被土葬取代。

祭祀单身者的祠堂奇谭

一般而言，大多数日本人都相信自己死后会化为祖灵，接受子孙的供奉。这种愿望体现在葬礼后的供奉程序中，就是死后七日、四十九日到一周忌、三回忌的供养仪式。从这种出发点来看，未婚男女死后无人供养，很可能成为无缘佛。

《旅途与传说》的葬礼报告中，记录了土佐某个村子祭祀单身者的小祠堂及相关奇谭。曾经有个人身穿蓑衣行走于山中，猎人将其错看成野猪，朝他开枪。待猎人走近，才发现蓑衣男已经呼吸困难。他十分惊讶，不断道歉，男人却艰难呼吸着对他说：

> 听听我的愿望吧，这样我死了也不会记恨你。我是落梅村的彦藏，至今尚未娶妻，还是独身一人，因死后无人供奉，大概会变成无缘佛。希望你能把你的次子过继给我，让他为我祈祷冥福，这样我就死而无憾了。到了黄泉，我也会为你们一家祈福。

猎人答应了他的请求，彦藏就停止了呼吸。据说打那以后，被错杀的男人家门口出现了一个专门祭拜单身男性的小祠堂。

正月与葬礼

正月是个特殊的清净日。跟盂兰盆节一样，祖灵在这天也会回到家中。但比起侧重祭祀新死之人的盂兰盆节，正月更侧重于迎接成佛的祖灵，所以各地都忌讳在此期间举行葬礼。

《旅途与传说》中关于隐岐国的报告称——

> 海士郡海士村（现岛根县隐岐郡海士町）的北半有个习俗，若元旦到正月十五之间，部落里有女性去世，就要把正月重过一遍。

作者还专门指出，"这种习惯相当罕见"。

举例而言，海士村福井的集落里，有人死于一月五日，于是当地人把一月九日当作除夕，把十日当作元旦，从头过了一遍正月。据说同村别的地方有人死于一月九日，有些家庭又把一月十一日当作除夕，把十二日当作元旦，重新过了一遍正月。

鹿儿岛县十岛村的葬礼报告显示，当地举行葬礼会避开正月。十岛村是吐噶喇列岛中的岛屿，当地除了友引日，正月或祭典日也不能举行葬礼。如果葬礼日期撞上了这些日子，出于对岛上其他居民的考虑，死者家庭不会举行葬礼，而是暂时埋葬死者，过几天再办仪式。

顺带一提，十岛村的十个岛屿中，有七个岛每年都要过三次正月。第一个是太阳历的新正月；第二个是阴历的旧正月，又叫小正月；还有一个是当地独有的正月，名为七岛正月。七岛正月是以旧历十二月一日为元旦，据说这个日子跟庆长十四年（1609）岛津人讨伐琉球有关。

当时，七岛居民也加入岛津人的作战队伍中，但正月近在眼前，岛民们想在故乡先把年过了，就把正月提前了一个月，把十二月一日视为临时的元旦。

此外，爱媛县喜多郡的葬礼报告显示，当地有为死者设立的正月。这个正月是阴历十一月初的巳午日，也就是以十二支中的巳日或午日为元旦。当天，要把细毛碗蕨夹在注连绳上，装饰在墓前，还要用稻草烤镜饼[1]。烤完镜饼，要让两人背靠背向后伸手抱住镜饼。之后再切开镜饼，用菜刀尖戳起来递给在场其他人。

据说吃了这种饼，夏天就不会生病。死者的正月也叫佛正月，从葬礼报告看，这种风俗不止爱媛，在四国地区也很常见，有的地方还沿袭到现在。

另有一则闲谈：十岛村之一的宝岛有个习俗，葬礼这天全岛休息，所有人无论工作多忙都不能进山劳作。这其实是因为从前举行葬礼时，岛民们都要放下手头工作赶去帮忙。随着时间流逝，岛上外来居民变多，去葬礼上帮忙的人越来越少，但葬礼当天不工作的习俗却保留了下来。

---

[1] 镜饼：一种镜子形状的扁圆形年糕。在日本传统节日中常用作庆贺之物。

用草席围住"病人"使其成佛

昭和四十八年（1973）发表的丧葬民俗论文里，提到一个非常奇特的习俗，我此前从未听说。文章从葬礼开始，到出殡、下葬，再到野归后的供养，把各种异样的习俗记录得十分详尽。

论文名为《用草席围住"病人"使其成佛一事》，收录在《丧葬墓制研究集成·第一卷》的《特殊葬法》里。作者是高冈功。调查范围是新潟县岩船郡的山熊田村（现村上市）。在这个村子，病人即使停止了呼吸，也暂时不算死人，而是"病人"。这种奇怪的风俗，概括起来有几个要点。

山熊田村只要有人去世，遗属就要开始着手让病人成佛。首先要让病人坐起身来，两手放在胸前，用粗绳捆住。接着弯折腿部，把大腿到脚腕部分一圈圈地捆起来。然后在遗体四周披上苔草席。苔草席就是用莎草科的草编的席子。把苔草席顶端捆起来，形成一个圆锥似的帐篷。据说这种状态就叫"成佛"。之后，家里人要在全村宣扬"〇〇已经成佛"的消息。成佛当晚，念佛会的老人们会来念经。大家一起讨论下葬的日子，要是日子不好，就往后延。

净身仪式在成佛的翌日进行，到此时，才能解开成佛者身上的圆锥形帐篷。接着，把裸体的成佛者放进净身盆里，为其清洗。再往后，要把成佛者的头发剃光。这叫剃发仪式，意味着成佛者就此出家。

为成佛者入殓时，也要倍加小心。棺木是杉木做的坐棺，此外要给成佛者穿上白色寿衣，外面披上带家徽的外褂或节日盛装。在棺底铺上坐垫，让成佛者坐于其上，入殓就算完成了。放进棺材的陪葬品里必须有缺角的新碗。另外要准备一块写满经文的薄绢，叠好放在成佛者头上，再用手绢将其头部包裹起来，在下巴处打结。最后，为了避免成佛者在棺中移动，要在棺内塞满稻草。经过这样一番谨慎的作业之后，棺中的成佛者只有头以上露在外面。

出殡后的送葬途中，继承人身穿和服外褂与裙裤，脚穿白足袋与草鞋，无论下多大的雪也决不能穿长筒靴。

葬礼翌日，在坟地上撒菜种

山熊田村的丧葬奇俗，在下葬这一环节也有所体现。等继承人用铁锹铲完三次土，遗属和参加葬礼的村民就可以回家了。留在墓地的挖墓人要把填好的墓踩实，堆出坟包。

到这里为止，还没什么稀奇的。接下来，要把三根木条插在三个方向，把顶端捆起来，形成一个三角锥。在三根木条中间用草绳吊一块石头，下面放一个斗笠，斗笠中间放一把镰刀，刀尖朝北插进土里。这种以三角锥围起来的墓地，也算是一种竹篱葬，目的是封印死灵。

根据《丧葬与供养》中的竹篱分类法，这种三角锥形状的竹篱叫作"桑忌丘[①]"。

山熊田村的奇俗还不止如此。下葬后的第二天早上，遗属们要一起去扫墓。此时，要在多层食盒里放入米粉做的白团子带去墓地。尤为少见的是，他们要在墓地前挖一块 V 字形的田垄，在里面撒菜种。

接着，由两位遗属站在田垄两侧，相互丢三次梳子，接到梳子时，要假装在自己头上梳几下。这套神话剧般的动作结束后，就取三个白团子串起来。接着又有两位遗属出列，取出串好的白团子搓一搓，再往后丢。丢的时候不能往后看，也不能说话，并且丢得越远越好。

当地让病人成佛的习俗，延续到了昭和二十年代，但下葬及后续供养的奇俗，据说一直延续到了昭和四十

---

① 桑忌丘（サンギッチョ・sangiccyo），音译。

年代以后。

介绍完这些奇怪风俗之后,作者在"追加"部分提到此次调查的契机,是山熊田村的寺庙住持给他讲的事。那件怪事如下:

> 村里有人去世时,都有专人负责四处奔走、联络亲属或寺庙。据说这位联络人曾在村子边缘碰到死者的魂魄,当时他低头对死灵说了句"你请先走"。等联络人到达寺庙,看到出来迎接的住持,就理所当然地问了句"已经来过了吗?"这是在问死者的魂魄是否已经来过。据说住持也理所当然地默默朝他点了头。

幽灵尤塔

葬礼当晚呼唤死者亡灵的习俗被称为降灵。该风俗多见于东北地区,由恐山[①]有名的招灵巫女施行。《旅途与传说》收录的秋田县仙北郡神代村(现仙北市)

---

① 恐山:位于青森县下北半岛北部的火山,海拔879米。破火山口湖岸的圆通寺是日本三大灵场之一。

的葬礼报告，以纪录片式的笔触介绍了昭和六年（1931）实际进行的降灵仪式。

> 巫女面朝佛坛跪坐，左手指上挂着念珠串，像合掌那样立在眼前，右手抓起珠串另一端，往左手上绕几圈，然后从左手掌中间向下摩擦。与此同时，她口中念起难解的咒语。这段序曲持续的时间并不长，很快，她的语调就越发清亮，宛如秋虫发出银铃似的鸣唱，语句内容也逐渐清晰。

之后，巫女会进入被附体的状态，发出死者的声音。但如果有人故意或偶然地在她附近放置刀具，死者的灵魂就很难附体，这种状态叫"净土狐狸迟迟不来"。

据说除了刀具，如果有人恶作剧，死者的魂魄也不会出现。关于这件事，有报告记录了发生在别家的实际案例。那家人原本想请（报告作者亲眼见过的）一位灵能力强大的巫女，但对方抽不出时间，遗属只好请来另一位巫女。但无论这位巫女怎么作法，净土狐狸也迟迟不来。巫女怀疑在场有人恶作剧，四处翻找之后，在坐垫下找到一张阻止降灵的符纸。人群骚动不已，最后，大家发现这家人最初想请的那位巫女的丈夫也混在宾客中。在场人士愤怒不已，将其驱逐出门。可见，巫女之间也有地盘之争。

东北地区的降灵仪式是呼唤死灵，与之相对，西南诸岛还有呼唤生灵的事例。这种仪式叫作"幽灵尤塔"，出现在《旅途与传说》关于喜界岛的葬礼报告中。尤塔，是冲绳县与鹿儿岛县奄美群岛常见的民间灵媒师的别称。这份葬礼报告显示，过去的人认为，人死前魂魄会出窍。如果有人影子变淡，旁人就会议论，说这个人活不久了，因为魂魄已经开始出窍了。如果做了很不吉利的梦，或是觉得自己身体不对劲，都可以请尤塔施法，让已经衰弱的魂魄重新变强，这叫喊魂。这些仪式统称为幽灵尤塔。

报告的作者记录了施行幽灵尤塔的顺序。首先，尤塔要从自己带来的口袋里取出葡萄酒杯似的木杯，倒入神酒，捧在手里，然后唱诵一种难以形容的哀伤曲调，逐渐把魂魄引来。祈祷过程中，还要放一碗冒顶的米饭。如果米饭上出现许多小洞，像被筷子插过一样，就说明魂魄已经归来。如果没有出现小洞，说明此人的魂魄已经进入黄泉之国，成了那里的居民。若是如此，这个人长则三年，短则数日就会死。

三昧僧・七轩乞食・濑户重先生

曾经有位放浪形骸的传说人物，徘徊在山梨县的甲府盆地。他就是名取濑户重，出生于明治十一年（1878），当地人称濑户重先生。濑户重对葬礼有着异样的热情，据《甲州庶民传》（NHK甲府放送局）记载，"一旦听到哪里有人去世，无论花三小时还是四小时，他都要步行前往葬礼现场"，腰间挂着参加葬礼时总要随身携带的小袋子，身上是脏兮兮的筒袖和服。

到了葬礼现场，他会高声念诵不知何时记住的经文。某村的寺庙是什么宗派，住持叫什么，某村的谁死于哪天，戒名是什么，他都记得一清二楚。除了念经，他好像还会帮忙挖墓和处理遗体。书上说——

> 世人都忌讳葬礼相关的一切，他却拼命凑上去帮忙。

这种行径令人想起中世放浪于各国[①]的行脚僧。行脚僧，就是半僧半俗的民间宗教人士。他们不属于国家承认的官方僧人，多数人也并未剃度。故柳田国男把带

---

① 这里的国是指近代以前的各领主国。后同。

发修行的俗僧称为"毛和尚"。据说很多毛和尚都会把无人认领的尸体下葬或火葬,因此他们也被称为三昧僧。三昧有墓地之意,三昧僧就是在墓地工作的俗僧。

三昧僧把名僧空也视为祖师。空也有"市圣"之称,平安时代经常徘徊于洛中市井,唱诵弥陀之号,传播净土教。传闻空也曾收集洛中洛外原野上散落的遗体,为他们举行火葬。

号称继承了空也衣钵的后世三昧僧,在中世还被称为叩钵僧,通常手持空也标志性的鹿角杖,敲着钵或瓢,一边念经一边跳舞。虽然他们更多是被视为乞食性质的念佛杂耍人,但也会把无人认领的尸体下葬或火葬。叩钵有时是为了卖茶具,所以他们也被叫作茶筅僧。

到了江户时代,人称"叩钵僧·茶筅僧"的三昧僧开始明确地以"空也僧"自居。他们群居在今京都市中京区堀川通蛸药师附近,重建了传说中空也开创的空也堂。据京都地志《雍集府志》记载,空也僧——

> 每到寒冬腊月的夜晚,都要徘徊于洛外的墓地、坟场,以竹枝击瓢,高声唱诵无常的经文。

野归及后续供养

空也堂至今仍伫立于上述地址，现住持是自空也以来的第八十八任。甲府的濑户重自明治以后，就徘徊于墓地、坟场、葬礼会场等地，想来可以纳入三昧僧的谱系之中。此外，衣衫褴褛的行脚僧濑户重，还让人想起京都府南山城村实际存在的丧葬习俗，"七轩乞食"。这个名字奇特的风俗一直延续到昭和初期，是在葬礼翌日举行的供养。据《南山城村史》可知，具体内容如下。

一家之长去世时，继承人的妻子或姐妹要从头到脚披上白色的被衣①，遮住脸在附近七户人家乞食。到了别人家玄关口，就说："我是来乞讨的，麻烦给我点儿吃的吧。"这户人家则要用纸包一把玄米，塞进她的被衣袖子里。

这种奇特的风俗到底有何含义？乞食令人联想到遍历诸国、乞讨食物、供养死者的三昧僧的日常生活。佛教把乞食视为一种重要的修行，如此想来，七轩乞食的风俗也就不只是在乞讨物品，还可理解为，遗属在用乞讨修行的方式凭吊死者。

回到濑户重的话题，他以前也常睡在寺院和民家屋檐下，往来于各地。成年后无工作，被周围人当作傻瓜。

---

① 被衣：一种长斗篷式的外衣，从前女性外出时要用手提着行走，使其从头到脚遮住身体。

现存于京都的空也堂

他没有任何物欲,对葬礼之外的凡尘俗事毫不关心。跟他交好的住持认为,"濑户重真正体现了佛教的精神"。

"哎呀,濑户重先生出发了。"

"是啊,肯定又有哪个地方在举行葬礼了吧……"

见到他的村民如此议论着(《甲州庶民传》),据说甲府至今还有几个老人曾亲眼见过这场景。

昭和二十三年(1984),有人发现濑户重倒在甲府某个村子的路边。村民用手拉拖车带他回家,他在路上不断吐血,到家没多久就停止了呼吸,享年七十岁。至此,这位活到战后的现代三昧僧,也永远离开了人世。

结束语

二十年前，我曾照顾肝癌末期的年长友人O直至他去世，接着又为他张罗了一场只有亲近友人参加的葬礼。O先生的临终愿望有三：死在家里，不请和尚，直接送他去租住公寓附近的火葬场火化。

O先生去世时，看护保险①刚出台不久，世人并不太理解请人在家看护病人的行为。事实上，O就诊肝癌末期的医院也拒绝了他不住院的请求，最后只能由我出面，帮他打听可以出诊的医生。比这件事更麻烦的，是思考如何操办葬礼。虽然可以丢给丧葬公司跟和尚全权

---

① 看护保险：为需要看护及相关支援的人支付部分费用的保险制度。日本的看护保险分为公共看护保险与民间看护保险。公共看护保险于2000年4月1日开始施行。

负责，但O先生的遗愿明确提到，不能像普通葬礼那样让亲属担任丧主，由和尚主持葬礼。正因为没法儿参考既定的模式，我才只能深挖日本传统的"土葬·送葬"仪式背后的东西。

由朋友主持葬礼、凭吊死者是否合适呢？文中已经提到，通过在漫长的丧葬历史中上下求索，我逐渐意识到，由于中世百姓恐惧死亡的不洁，视其为传染病而避之不及，才催生了只有血缘亲族为死者举行葬礼的模式。如此看来，只要不害怕死亡的不洁，仅有友人为死者举行葬礼也未尝不可。在为O先生举办葬礼的过程中，我好像也一点点从家人主导葬礼的传统模式中解放出来。据我所知，当下正在兴起的家族葬，也是近二十年才扎根的新型丧葬方式。在不久的将来，友人之间举行的友人葬，未必不会成为丧葬的基本形式之一。

追溯过往的丧葬历史，并联系自己对"土葬·送葬"的调查，我逐渐明白了哪些土葬风俗会消失，哪些风俗又会沿袭至今、流传后世。

呼唤临终病人魂魄的叫魂仪式、堵住耳朵不听同龄友人死亡的消息、葬礼上常见的哭丧女等，都已从现代的葬礼上消失。踢开死者的死枕、露天火葬后把死者脑子烤焦了吃、啃食遗骨等奇特风俗，想来也不会继续传承，但它们会变成各种丧葬民俗，永远留在人们的记忆中。传统的净身仪式逐渐发展为殡仪馆的净身服务、天使看护，以及防止遗体二次感染的尸体防腐技术。与此同时，净身的工作不再由遗属负责，遗属与共同体内的成员也失去了被迫接触遗体的机会。

时至今日，往冷水里倒热水的做法还是会让人想起净身仪式，并被视为不祥。这种避忌死亡不洁的逆向礼法，依然存在于我们的生活中。在死者枕边放刀辟邪的风俗也并未消失。墓地的幽灵故事、地狱审判、濒死复生、死人轮回转世的生死观等，依然没有失去其魅力。这些故事能治愈生者，也让人不禁思考起死亡的意义，将来的年轻人想必也会继承这些故事。

从这本书中可以看出，日本的佛教与神道，从亲近死者的日本灵魂观与民俗信仰中汲取了养分，丰富了日本人的精神世界。在火葬率接近100%的日本，市民团体组成的"土葬会"为大家提供了另一种丧葬选择，它的存在或许会掀起新的土葬潮流。如此这般，在土葬的村落完全消失之前，我得以见证它们最后的模样，并感到由衷的快慰。

这场持续三十多年的土葬调查，受到了无数人的照拂。尤其要感谢以下几位：东近江市石塔町的高畑富雄先生，为我在滋贺县进行首次调查创造了契机；伊吹山脚天台寺院的吉田慈敬住持、奈良市的土葬村落、真言寺院的一休和尚即村岸定光住持，长久以来一直支持着我……值此出版之际，还要特别感谢讲谈社现代新书编辑部的西川浩史先生。托他的福，本书才能以简明易读的语言写成。

「講談社現代新書」の刊行にあたって

教養は万人が身をもって養い創造すべきものであって、一部の専門家の占有物として、ただ一方的に人々の手もとに配布され伝達されうるものではありません。

しかし、不幸にしてわが国の現状では、教養の重要な養いとなるべき書物は、ほとんど講壇からの天下りや単なる解説に終始し、知識技術を真剣に希求する青少年・学生・一般民衆の根本的な疑問や興味は、けっして十分に答えられ、解きほぐされ、手引きされることがありません。万人の内奥から発した真正の教養への芽ばえが、こうして放置され、むなしく滅びさる運命にゆだねられているのです。

このことは、中・高校だけで教育をおわる人々の成長をはばんでいるだけでなく、大学に進んだり、インテリと目されたりする人々の精神力の健康さえもむしばみ、わが国の文化の実質をまことに脆弱なものにしています。単なる博識以上の根強い思索力・判断力、および確かな技術にささえられた教養を必要とする日本の将来にとって、これは真剣に憂慮されなければならない事態であるといわなければなりません。

わたしたちの「講談社現代新書」は、この事態の克服を意図して計画されたものです。これによってわたしたちは、「講壇からの天下り」でもなく、単なる解説書でもない、もっぱら万人の魂に生ずる初発的かつ根本的な問題をとらえ、掘り起こし、手引きし、しかも最新の知識への展望を万人に確立させる書物を、新しく世の中に送り出したいと念願しています。

わたしたちは、創業以来民衆を対象とする啓蒙の仕事に専心してきた講談社にとって、これこそもっともふさわしい課題であり、伝統ある出版社としての義務でもあると考えているのです。

一九六四年四月　野間省一

講談社現代新書 2606

土葬の村

二〇二一年二月二〇日第一刷発行

著　者　　高橋繁行　　©Shigeyuki Takahashi 2021

発行者　　渡瀬昌彦

発行所　　株式会社講談社
　　　　　東京都文京区音羽二丁目一二―二一　郵便番号一一二―八〇〇一

電　話　　〇三―五三九五―三五二一　編集（現代新書）
　　　　　〇三―五三九五―四四一五　販売
　　　　　〇三―五三九五―三六一五　業務

装幀者　　中島英樹

印刷所　　豊国印刷株式会社

製本所　　株式会社国宝社

本文データ制作　講談社デジタル製作

定価はカバーに表示してあります　　Printed in Japan

本書のコピー、スキャン、デジタル化等の無断複製は著作権法上での例外を除き禁じられています。本書を代行業者等の第三者に依頼してスキャンやデジタル化することは、たとえ個人や家庭内の利用でも著作権法違反です。図〈日本複製権センター委託出版物〉
複写を希望される場合は、日本複製権センター（電話〇三―六八〇九―一二八一）にご連絡ください。
落丁本・乱丁本は購入書店名を明記のうえ、小社業務あてにお送りください。送料小社負担にてお取り替えいたします。
なお、この本についてのお問い合わせは、「現代新書」あてにお願いいたします。

图书在版编目（CIP）数据

最后的奈良/（日）高桥繁行著；熊韵译. --成都：四川人民出版社，2024.7
ISBN 978-7-220-13519-4

Ⅰ.①最… Ⅱ.①高… ②熊… Ⅲ.①葬俗-研究-日本 Ⅳ.①K893.132.2

中国国家版本馆 CIP 数据核字（2023）203985 号

《DOSOU NO MURA》
© Shigeyuki Takahashi 2021
All rights reserved.
Original Japanese edition published by KODANSHA LTD.
Publication rights for Simplified Chinese character edition arranged with KODANSHA LTD. through Kodansha Beijing Culture Co., Ltd. Beijing, China.
本书由日本讲谈社正式授权，版权所有，未经书面同意，不得以任何方式作全面或局部翻印、仿制或转载。
四川省版权局著作权合同登记号：21-23-299

ZUIHOU DE NAILIANG
最后的奈良
（日）高桥繁行/著　熊　韵/译

出 版 人	黄立新
策划组稿	赵　静
责任编辑	曹　娜
封面设计	张　科
版式设计	张迪茗
责任印制	周　奇
出版发行	四川人民出版社（成都市三色路238号）
网　　址	http://www.scpph.com
E-mail	scrmcbs@sina.com
新浪微博	@四川人民出版社
微博公众号	四川人民出版社
发行部业务电话	(028)86361653　86361656
防盗版举报电话	(028)86361653
排　　版	四川看熊猫杂志有限公司
印　　刷	四川新财印务有限公司
成品尺寸	125 mm×185 mm
印　　张	10
字　　数	160 千
版　　次	2024 年 7 月第 1 版
印　　次	2024 年 7 月第 1 次印刷
书　　号	ISBN 978-7-220-13519-4
定　　价	86.00 元

■版权所有·翻印必究

本书若出现印装质量问题，请与我社发行部联系调换
电话：(028)86361656

官方小红书：尔文 Books

官方豆瓣：尔文 Books（豆瓣号：264526756）

官方微博：@ 尔文 Books